ユーラシア大陸興亡史

ヨーロッパと中国の四〇〇〇年

The Rise and Fall of
the Eurasian Continent

玉木俊明

平凡社

ユーラシア大陸興亡史

ヨーロッパと中国の四〇〇〇年

亡き母　玉木英子にささげる

はじめに

20世紀最後の年となった2000年、アメリカ人の中国史研究者ケネス・ポメランツの*The Great Divergence*（川北稔監訳『大分岐——中国、ヨーロッパ、そして近代世界経済の形成』名古屋大学出版会、2015年）が出版されました。

この本の特徴は、ヨーロッパ、とくにイギリスと中国を比較して、1750年頃まではどちらも手工業にもとづくスミス的経済成長を経験していたのに対し、以降はヨーロッパが産業革命に成功したために、決定的な差がついたと主張している点にあります。

中国もヨーロッパも、人口が増大したことに起因する経済的危機に見舞われました。そのなかでイギリスが国内に大量に埋蔵されていたエネルギーとしての石炭と、新世界の広大な土地の活用によって経済は大きく発展し、産業革命が生じたというのです。ヨーロッパと中国の経済は、このときに大分岐したのです。

ポメランツの議論はまさに世界中に影響を与えました。現在もなお、世界中で大分岐に関する議論は活発におこなわれているのです。20世紀末に出版された同書は、21世紀の歴史研究の方向性を決定づけたといえるでしょう。

ポメランツの影響は、若い世代にもおよびます。私が親しいヨーロッパ人の若手の研究者は、「アジア的生産様式」という表現を用い、アジアには進歩がないといったカール・マルクスとは異なりヨーロッパの方がずっと経済水準が高かったとは思ってはいません。むしろ、ヨーロッパは、アジアよりも貧しかったのであり、近世（1500頃～1800頃）のどこかの時点でヨーロッパがアジアの経済水準を上回ったと考えています。しかも、ヨーロッパは、アジアの富をうまく利用して豊かになったのだと考えているヨーロッパ人研究者もいます。

歴史研究の潮流は、大きく変化したのです。この変化の根底には、世界を一つのものとしてとらえようというグローバルヒストリーの隆盛があります。比較的最近まで、歴史学の研究といえば、一つの国家を対象にするのが普通でした。ですが最近では、より広大な地域を単位とした研究が盛んになっており、それはグローバルヒストリーの一つのジャンルを形成しています。大分岐とは、その中心的な議論ととらえることができるでしょう。

ヨーロッパと中国の比較がなされるようになったのは、最近の中国が目覚ましい経済成長を遂げていることと大きく関係しています。そのために、停滞する中国というイメージが完全に過去のものになったからです。

非常に長期的に見れば、ヨーロッパよりも中国の経済水準の方が高かったことは間違いありません。ヨーロッパの優位は、この2～3世紀間、どんなに長く見積もっても、5世紀はさかのぼらないことがわかるようになりました。しかし、単にこのように片付けてしまうなら、ヨーロッパが世界を支配した歴史の重みを軽視することにつながってしまいます。われわれは、中国とヨーロッパの現実をきちんと比較し、そのうえで現代世界の状況について考えるべきなのです。

たとえば、すでに17世紀前半には、オランダやイギリスの生活水準は、中国よりも高かったという研究も出ています。しかし、このような研究の問題点は、中国とヨーロッパの経済指標がヨーロッパに有利なようにできているということです。この種の問題点は、じつは現代の経済比較にも見られます。われわれは、こういうヨーロッパ中心主義的な研究手法から抜け出すべきだと思います。

ヨーロッパと中国の大きな違いは、大航海時代以降ヨーロッパが積極的に海上ルートでの対外進出をしたのに対し、中国では、15世紀初頭に明の永楽帝により鄭和《ていわ》が東南アジアやアフリカに遠征したあとになると、海上ルートでの対外進出をしなくなった点にあるでしょう。この点を無視した大分岐論はありえないと思うのです。

16世紀になり、ヨーロッパ人が世界各地で商業を営むようになると、さまざまな宗教・文化圏の人々が商業で協同する異文化間交易が発展します。近世の世界ではヒトとヒトとを結ぶのは人間でしたが、電信の発展により、インビジブルなものへと変化し、広大な異文化間交易圏が、電信や鉄道、そして蒸気船によって統合されることになりました。このとき、ヨーロッパは世界を支配するようになったのです。

本書は、このような問題意識のもと、同時代の中国とヨーロッパの経済に関する比較を試みます。そうすることで、当初は中国経済の方が高い水準だったのが、やがてヨーロッパに逆転され、現在、なぜ中国が再興しているのかという理由がご理解いただけるものと思います。

現代社会では、明らかに中国とヨーロッパは、以前と比較すると非常に強く結びついています。それは、大航海時代、帝国主義時代をへて、大型の船舶、飛行機、さらには電信やインターネットによって非常に強く結びつけられてきたからです。世界は、明らかに一体化の度合いを強めており、そのなかで、ウクライナ戦争が発生したのです。

本書には、歴史好きの方だけではなく、現代社会の実態について関心のある方へのメッセージが込められています。今を理解するためには、歴史を理解しなければならないのですから。

ユーラシア大陸興亡史

ヨーロッパと中国の四〇〇〇年　目次

目次

第2章 ユーラシアの東西の発展過程

第3章 秦漢帝国とローマ帝国

第4章　魏晋南北朝時代の中国とビザンツ帝国の興亡

第5章 隋唐帝国とフランク時代のヨーロッパ

第6章 宋・元代の中国と神聖ローマ帝国から商業の復活期のヨーロッパ

第7章　大航海時代は何を変えたのか——中国からヨーロッパへの転換

第8章 産業革命でヨーロッパと中国の立場が逆転した

終章 持続的経済成長とコミッション・キャピタリズム

第1章 ユーラシアの商業システム

中国とヨーロッパ　超長期的関係

中国とヨーロッパの経済は、超長期的には、一体どのような関係にあったのでしょうか。それは、本書全体で答えなければならない問いですが、第1章では、中国とヨーロッパとの関係をどのような観点から分析すべきか、そのポイントを示したいと思います。

中国とヨーロッパの面積はあまり変わりません。しかし、中国は一国であるのに対し、ヨーロッパには多数の国があります。それが、この二地域の経済に大きな影響をおよぼしたことは想像に難くありません。言い換えるなら、中国は一国で多民族をかかえる「帝国」を形成していたのに対し、ヨーロッパは、それぞれの国が遠隔地に植民地をもつことによって「帝国」になったのです。

また、中国と比較すると、ヨーロッパは高緯度に位置します。そのため、中国よりもヨーロッパの方が食料生産に適さず、しかもコメと麦の生産性の差異が、両地域の経済格差を生み出したことが考えられます。すなわち、自然からの産物にすべての資源を依存する有機経済においては、中国経済は世界一豊かだったのです。ヨーロッパの経済力が中国のそれを上回るのは、産業革命によって無機経済へと移行したときのことでした。

中国とヨーロッパをつないだのは、シルクロードでした。シルクロードは、遊牧民が誕生した地域でもありました。それはなぜだったのでしょうか。遊牧民とシルクロードは、ユーラシア世界をどのようにして統合したのでしょうか。

世界でもっとも進んでいた中国経済は、産業革命によってヨーロッパ、とくにイギリスに追い抜かれることになりました。ですがそもそも、中国は豊かでありすぎたために、ヨーロッパほどには他地域に進出する必要性はなかったのです。それが、ヨーロッパが中国よりも経済力をもつようになった大きな要因になりました。さらに中国は、海運業を軽視したのです。本章では、そのことを中心に述べたいと思います。

中国とヨーロッパの相違　統一と分裂

しばしば「ヨーロッパ大陸」といわれますが、現実のヨーロッパは、アジアから突き出た半島にすぎません。ヨーロッパの発展にとって、その「小ささ」がかえって良かったように思われます。

現在の中華人民共和国の面積は959万7000平方キロメートルであり、ヨーロッパの面積は1053万平方キロメートルです。これだけを見るとヨーロッパは結構広大な地域だと思われるかもしれませんが、ここに全部で54カ国があることを考えるなら、一国の面積はかなり小さくなります。

ヨーロッパ諸国の面積を具体的に述べてみましょう。もっとも大きいのは、ロシア（アジアを含む）の1709万8242平方キロメートルであり、ついでカザフスタンの272万4900平方キロメートル、さらにウクライナが60万3700平方キロメートル、そして西欧最大の面積をもつ国はフランスであり、55万1500平方キロメートルとなります。ヨーロッパ諸国、とくに西欧諸国が中国と比較するとどれほど小さな国であるのかがよくわかります。

私たちは、今でも一つの国は一つの民族からなるという国民国家が当然だという認識をもっていると思われますが、それは、モデルとなった西欧諸国が比較的小さな国だったからでしょう。国民国家を当然の前提だとしたことは、世界のさまざまな地域に悪影響をおよぼすことになったのではないかと考えられます。ヨーロッパのように大きくない土地に多数の国があるということは、稀なのです。現実には多民族からなる国は多く、ヨーロッパの論理を押し付けたためにナショナリズムを高揚させ、戦争が発生することになりました。

それに対して、中国という国は非常に大きかったのです。そもそも中国は、建国以来、分裂し統一するということを繰り返してきました。中国が統一している状態が当たり前、少なくとも望ましいと考えられていたのに対し、ヨーロッパはむしろ分裂が普通でした。西欧では、ローマ帝国はあったものの、フランク王国、神聖ローマ帝国でさえ、中国的な官僚制度をベースとした帝国は形成されませんでした。この点で、これらの二地域の大きな相違があります。大航海時代以降、ヨーロッパ各国が政治的・経済的競争をした結果、ヨーロッパ外の地域にまで出ていくことになりました。またヨーロッパの植生は貧しく、豊かになろうとすれば、海外に出ていくほかなかったことがあげられるでしょう。

このようなことは、「近代世界システム」という考え方で説明されます。詳しくは終章で説明しますが、ヨーロッパは対外進出を実現することで、持続的経済成長を実現しました。それは、やがて他地域にもおよびます。現在では、世界全体が持続的経済成長を達成するようになりましたが、このシステムはもしかしたら終焉を迎えるのかもしれません。

中国とヨーロッパの領土、そして自然環境

中国もヨーロッパも、時代によって面積は大きく変わりました。また古代世界において、ヨーロッパといえば、地中海世界のことを指しました。

それに対し中国最高の歴史家の司馬遷《しばせん》(前145/135?~前87/86?)の手になる『史記』によれば、中国最古の王朝は夏《か》王朝(前2100頃~前1600頃)でした。夏王朝が存在していたのかどうかはわかりませんが、前1550年頃~前11世紀に殷《いん》王朝があったことは確実です。殷

図1-1 ｜ 秦の領土

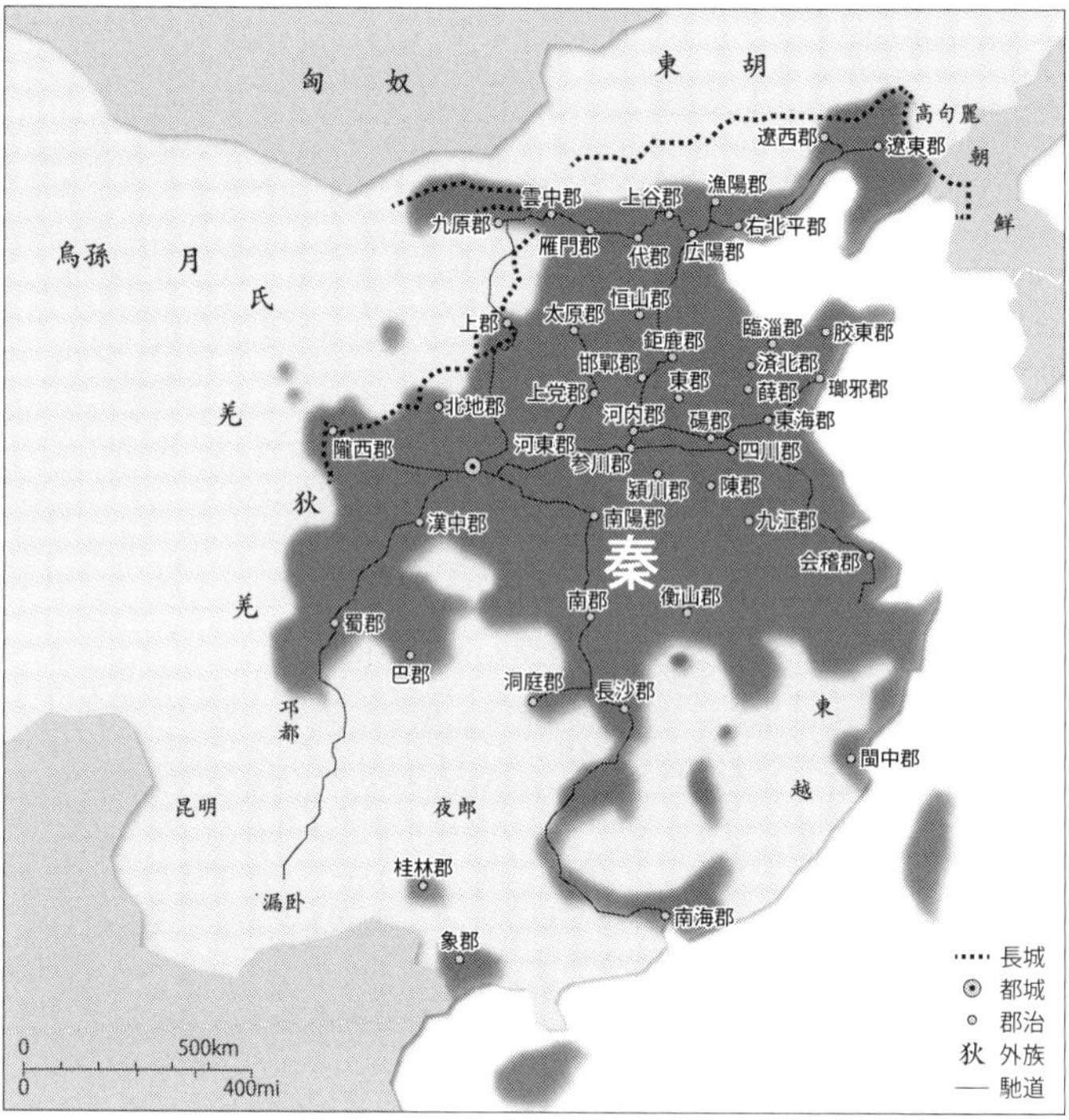

出典：Wikimedia Commonsをもとに作成。

図1-2 ｜ ローマの拡大図

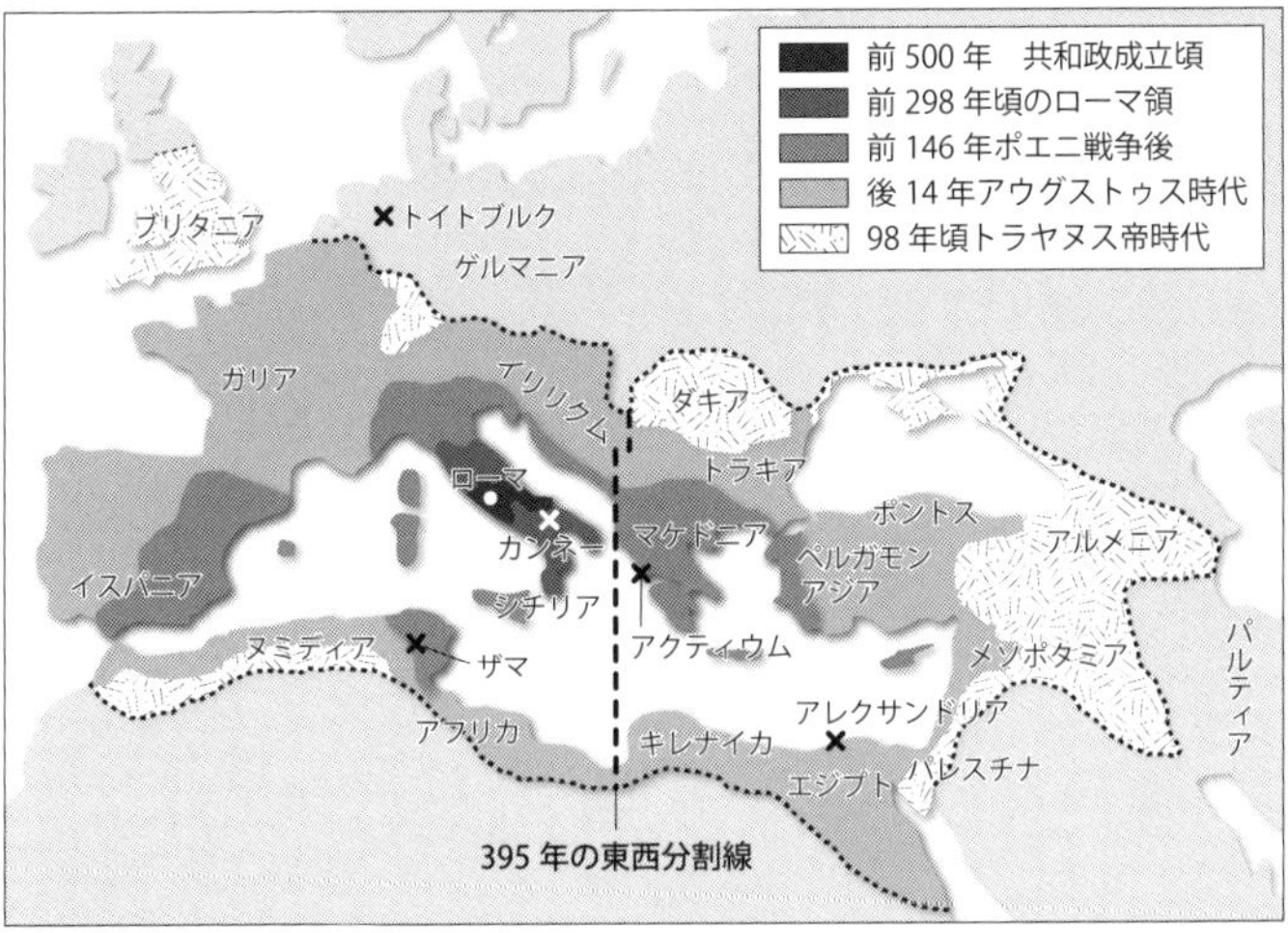

出典：https://www.y-history.net/appendix/wh0103-069.htmlをもとに作成。

の領域は黄河の一部にすぎませんでした。その後、周の時代（前1046〜前256）になるとさらに拡大しました。

中国の領土は、春秋・戦国時代（前770〜前221）を終わらせた秦代（前905〜前206）に決定したのです。たしかに、中国の領土は、王朝によって大きく変わりました。しかし、秦の領土こそ、ここだけは間違いなく中国の領土だといえる場所になったのです。

図1-1からおわかりいただけますように、中国は明らかに陸上国家です。もちろん、海上に進出しなかったというわけではありません。しかし、海上進出をしなかったことは、中国がやがてヨーロッパに経済水準で追い抜かれる原因となったことは否

定できません。

陸上帝国の秦に対し、ローマは領土を拡大したとき、明らかに海上帝国になっていました。ローマの人々は、地中海を「われらが内海」と言いました。ローマ帝国とは、地中海帝国だったのです。陸上帝国と海上帝国。この相違点は、中国史とヨーロッパ史の大きな差異としてあらわれてくることになります（秦漢帝国とローマ帝国の比較については、第3章で詳しく論じます）。ローマがやがて現在の中東の一部を含むようになったことは事実ですが、中国と比較するなら、海上志向が強かったことは間違いありません。

秦漢帝国とローマ帝国のこのような相違は、それ以降の中国とヨーロッパの歴史を比較するうえで、非常に重要な点となります。大航海時代になると、ヨーロッパは船を使って世界中に出ていきます。地中海が内海であり、北方には北海とバルト海があり、さらに西側には大西洋があるヨーロッパにとって、海に出ていくという行為は、とても自然なことだったといえるのです。

貧しいヨーロッパ

ヨーロッパと比較した、中国の生態学的な優位性は明らかです。まず、ヨーロッパは高緯度に位置しています。ロンドンは北緯51・3度であり、これは樺太よりも高緯度なのです。さらには、かなり南にあるローマでさえ北緯41・5度であり、それとほぼ同緯度にあるのが青森市です。しかしヨーロッパは、メキシコ湾流とその熱を運ぶ偏西風の影響により比較的温暖な気候を維持することができるのです。

ただし、植生が貧しいことに違いありません。たとえば、ゴルフ発祥の地であるスコットランドのセント・アンドルーズでは、雑草が生えません。それに対して日本のゴルフ場では、雑草を除去するために除草剤をまく必要があります。

中国の陸地面積は、ロシアとカナダ、アメリカに次いで、世界四番目の大きさです。その領土は、北緯53度30分から北緯4度までであり、ヨーロッパよりもずっと南に位置します。北京の緯度は北緯40度であり、上海は北緯31度で、日本の鹿児島市が北緯32度です。

中国は、陸地の国境線は2万2800キロメートルあり、北はモンゴル国、北東はロシア、朝鮮民主主義人民共和国、北西はカザフスタン、キルギス、タジキスタン、西と南西はアフガニスタン、パキスタン、インド、ネパール、ブータン、南はミャンマー、ラオス、ベトナムなどと国境を接しています。これは、中国がいかに広大な領土を有しているかのあらわれだといえます。

ヨーロッパでしたら、それぞれが独立した国家になっていたはずです。

中国には、ゴビ砂漠があります（ゴビ砂漠は、中国北部からモンゴル南部に位置します）。この砂漠には、シルクロードの拠点となる都市が点在しています。このシルクロードが、ユーラシア大陸の交易ルートとして重要だったことはよく知られています。

シルクロードがつないだ中国とヨーロッパ　パルティア人

ここでは、中国とヨーロッパが、経済的にどのように結びついていたのかという話をしたいと思います。それにはやはり、シルクロードを語らなければなりません。

シルクロードは、「オアシスの道」（天山南路）、ユーラシア大陸の草原（ステップ）をルートとする草原の道（ステップ＝ロード、天山北路）、さらにアラビア海、インド洋、南シナ海、東シナ海を結ぶ海の道（海上交通路）に分かれます。シルクロードでの交易がはじまったのは、前2世紀のことでした。

シルクロードはその後も発展し、ローマ帝国と戦争をしていたパルティアが交易の中心となりました。

「シルク」という語から連想されるように、シルクロードの交易品となった代表的なものは絹でした。中国からヨーロッパに送られました。それに対し、地中海世界から輸出されたものは、黄金、葡萄酒、ガラス品などでした。シルクロードは全長6400キロメートル以上にわたる、非常に長い交易路です。乾燥地帯にはオアシス都市が点在し、そのオアシス都市を移動したのが、ラクダによる隊商だったのです。

中央ユーラシアは、草原と砂漠が多い乾燥地域です。シルクロードとは、自然にできた踏み道であり、そこから、遊牧民が誕生しました。シルクロードは、決してヨーロッパと中国をつなぐためだけの通路ではなく、中央ユーラシアにも大きな需要があったと考えられています。そもそも、シルクロードで活躍する商人は多額のカネを入手したはずであり、彼らの需要が小さかったはずはありません。

また、シルクロード商人は、果たして商業に特化した人々だったのでしょうか。もしかしたら、遊牧民が（さらには農民も）シルクロードでの商業活動に参画することもあったのではないかと私は考えています。前近代社会においては、複数の職業に従事することは、決して珍しくはなかったからです。

そもそも農民は、農繁期は農業に従事していれば良かったのですが、農閑期にはそれ以外の仕事をしていたのです。ですから、たとえば遊牧民、場合によっては農民が、シルクロードの商業活動に従事していた可能性は高いと思われます。

シルクロードには、中央ユーラシアを原産とする馬がいました。内モンゴル草原のベルトの南側には、半農遊牧地帯があります。漢民族は遊牧民と農耕民から成り立っていたのです。

絹に代表されるアジアの商品に対する需要がヨーロッパで増加することによって、シルクロードが発展しました。

シルクロードには、東西だけではなく、南北のルートもあり、長距離、中距離、短距離の交易に従事する商人たちが使っていました。どのような商人も、長距離交易をすることも、中距離や短距離の交易に従事することも考えられましたが、全ルートを一人の商人ないし一つの隊商が渡り切るということは、ほとんど考えられなかったものと思われます。

一つの商品を扱う商人の数が増えれば増えるほど、つまりオアシス都市で商品を積み替える回数が多くなれば多くなるほど、商品の価格は上がります。したがって、シルクロードを使った交易では、中国を出発するときの絹の価格と、ローマ人が絹を購入するときの価格を比較したなら、後者の方が圧倒的に高くなったはずです。さらに、ローマが輸入するときには関税がかかるのですから、ローマ人は非常に高価な絹を買っていたことになります。

ローマ人が高価な買い物ができた要因の一つとして、ローマ人は属州を収奪することによって可処分所得を高めたことが考えられます。この時代には、パルティアがシルクロードでの中継貿易を発展させていたので、パルティア人が中間商人としてローマ人相手に活躍できたのは、おそらくそのためでしょう。

シルクロードによる東西の交易は、中央アジアが平和であることが前提となっていました。パルティアが滅亡した3世紀初頭にはその前提条件は崩れ、そのうえ、中国で400年間にわたり、混乱が続いたため、シルクロードの交易は停滞の時代を迎えることになります。

シルクロードとソグド商人

シルクロードでの取引がふたたび活発化したのは、7世紀の唐代のことでした。このとき活躍した商人は、ソグド人でした。

シルクロードを経由して、ゾロアスター教、マニ教、キリスト教のネストリウス派、そして仏教などの宗教が西から東へと伝播しました。ユーラシア大陸にとどまらず、日本にまで文物が伝えられました。

中国からビザンツ帝国に至る絹が流入するまでの過程で、絹に加工がなされることもあったので、絹の最終的な販売額は大きく上昇することになりました。中国の商人→草原の遊牧民→ソグド人の商人→ペルシアの役人→ペルシアやシリアの工房→ビザンツのコンメルキアリオス（政府貿易官）という交易がなされていました。

シルクロードは、1世紀からローマ世界に安定的に絹を供給してきましたが、ササン朝ペルシア（226～651）が建国されると、絹の輸入は不安定になり、価格が高騰することになります。ササン朝は、絹の流通を管理し、戦時になるとローマとの交易を遮断したからです。

ビザンツ帝国皇帝ユスティニアヌス1世は、ソグド商人の商業拠点であるソグディアナに至るルートを新しく開拓し、さらに帝国内部で養蚕業を発展させました。それが可能だったのは、中国から中央アジアをへて中国の養蚕技術が密輸入されたからです。それには、ソグド商人が関与していました。

ソグド人は、中国に定住するようになりました。617年には李淵《りえん》（高祖）が挙兵し、翌618年、ソグド人である安氏がそれを助けました。

唐の都長安には多数のソグド商人が住んでおり、彼らによって中央アジアから中国にかけての交通が活発になり、ゾロアスター教やマニ教が中央アジアで広まり、中国にも伝えられることになりました。ソグド人は中国社会では商人だけではなく、武人としても活躍しました。唐で節度使となり、安史の乱を引き起こした安禄山はソグド人であったことは広く知られています。

ソグド商人が活躍したため、ソグド語は、シルクロードの共通言語となりました。中国やローマ、そしてビザンツ帝国は、中国ほどではないにせよ官僚制が発展し、中央集権化した国家です。それに対し中央アジアの遊牧国家は英雄的な国王がいなくなれば、すぐに消滅の危機に直面する属人的な国家でした。遊牧国家の国制は東西の帝国の国制とは大きく異なっていたのです。

シルクロード商人と唐とは、相互依存関係にありました。彼らは共棲関係にあり、どちらかが優勢であったということはできないでしょう。中国としても、すべての商人が自国商人であったなら、自由な交易をすることは困難であったでしょう。

このようななか、ソグド人は徐々に消滅していきます。ソグディアナは8世紀中頃にアッバース朝の直接支配下に入り、それ以後イスラーム化が進行していったため、徐々にソグド人としてのアイデンティティが失われていったからです。

9世紀頃になると、ソグド人はサーマーン朝の統治下におかれるようになり、使用される言語はペルシア語が主流となりました。ソグド語を使用する機会は減少しました。また、カラハン朝以後のトルコ系イスラーム諸王朝になると、トルコ語が支配的になっていきました。ソグド人は、歴史の表舞台から消えていったのです。

しかしソグド人は、中国とヨーロッパをつないだ重要な民族でした。

イギリスから日本まで　ユーラシアは一つの世界

ユーラシア大陸から少し離れた場所に、比較的大きな島国があります。西側がイギリス、東側が日本です。遊牧民の動きはユーラシア大陸に大きな影響を与えたばかりか、この二国にも多大なインパクトをもたらしたのです。遊牧民族の動きを見ていけば、この二つの島国の動きを、一つのつながりのなかで描くことができます。

その具体的事例として、まずゲルマン民族の大移動を取り上げましょう。紀元後1世紀の後漢の時代になると、遊牧騎馬民族の匈奴は東西に分裂し、そのうち東匈奴は内モンゴルに残り、西匈奴は中央アジアのタラス川流域へと移動します。東匈奴はフン人になったといわれます。フン人は、東匈奴の移動に伴って西方に移動し、375年、そのことを脅威に感じた西ゴート人がドナウ川を越えてローマ帝国領に侵入したことから、ゲルマン民族の大移動が開始されます。

大移動をしたゲルマン民族は、西ゴート人がイベリア半島、東ゴート人がイタリア、ブルグンド人が南西フランス、ヴァンダル人がイベリア半島から北アフリカに入り、カルタゴの故地、フランク人が北西フランス、アングロサクソン人がブリテン島に国家を建てました。

東匈奴の移動がゲルマン民族の大移動の引き金となり、イギリスにゲルマン民族の国家が建国されたのです。

ヨーロッパにおいてはゲルマン民族の大移動の時期であったこの時代は、中国においては、五胡十六国時代にあたります。したがって、遊牧民の移動が渡来人の来日をも引き起こした可能性は非常に高いのです。

こうして考えるならば、遊牧民の移動をきっかけに、ユーラシア大陸における人々の流動性が高まり、その影響が日本にまでおよんだといえるでしょう。ユーラシアは、まさに一つの世界なのです。

8世紀中頃になると、日本はアッバース朝から唐に至る大きな商業圏・文化圏に組み込まれることになったのです。奈良市の平城宮跡で出土した「天平神護元年」(765年)と記された木簡に、ペルシア人の役人とみられる「破斯《はし》清通《きよみち》」という名前があったことが、それを証明しているように思われます。この人物がシルクロードを通ったことから考えると、ソグド商人の交易路を利用したと考えるのが妥当でしょう。

ユーラシア世界は、遊牧民を結節点とすると、一つの世界として描くことができるのです。

東南アジア経済をプッシュした

8〜11世紀にインド洋やアラビア湾のみならず、東南アジアにおいてもイスラーム化が進んでいきました。チャンパーや中国、さらに南シナ海、東南アジアにおいても、ムスリム（イスラーム教徒）の共同体がみられたといいます。

11世紀後半には、アラブからの使者が東南アジアをへて、中国を訪れました。この時代に中国の海上貿易の拠点は、広州から泉州へと移っています。泉州には、すぐにムスリムの礼拝堂であるモスクが建てられます。

さらに、15世紀前半にはマラッカ、スマトラ島、モルッカ諸島のティドレ島などがイスラーム化します。そのうえブルネイ、マニラ、チャンパーなどもイスラーム化します。

イスラーム化が進行する一方で、東南アジアにとって、中国は最大の市場でした。中国は、14世紀後半から2世紀間にわたり人口が増大したのです。その中国では、15世紀には、イスラーム教徒の鄭和による遠征がおこなわれました。それは、海のシルクロードのルートをたどったものでした。

物流システムを他国にゆだねる朝貢貿易の弱点

15世紀初頭、鄭和が乗った船は宝船《ほうせん》と呼ばれる大型の船です。それはヴァスコ・ダ・ガマがポルトガルからはるばるやってきたときに乗っていた船よりも、はるかに大型でした。最初の航海では、船舶数は60隻以上、乗組員が2万8000人ほどであったとされます。このように鄭和の航海は、きわめて大規模であり、それは、当時のヨーロッパでは不可能な規模だったと考えられるのです。

これほどの大艦隊が、合計7回も送られますが、永楽帝が没すると、中国は積極的な対外進出をやめてしまうのです。

すでに、中国では唐代に朝貢貿易を実行していました。宋代はそれに代わり、民間貿易が発展します。遼・金・元の時代にも、民間貿易がおこなわれていました。

明代になると、14世紀末に洪武帝が海禁政策をとり、海外との貿易や大型船の建造を禁止しました。ところが15世紀初頭の永楽帝の時代になると、ふたたび中国は活発に海外との貿易をおこなうようになるものの、依然として朝貢貿易は続けられたのです。

朝貢貿易とは、貿易の一形態であり、中国周辺の朝貢国が朝貢品を中国に差し上げ、その見返りとして下賜品を朝貢国に渡すという行為です。中国王朝が、周辺の「蛮夷」に対して恩恵を施す、という理念にもとづく国家間の関係のことでもあります。

清代になっても、この傾向は続きました。ただし、明ほど強くはなく、中国からは生糸・陶磁器・茶などが輸出され、スペインから銀が輸入されるようになります。1757年からは、広州だけが外国との貿易港になり、海禁政策がとられます。

そもそも朝貢貿易というシステムは、中国が隣国よりも圧倒的に経済力があったからこそ成り立った制度です。すなわち、朝貢品よりも中国が下賜する品々の方がはるかに価値があったからこそ成立したのです。中国の経済力が低下すると、それは思わぬ負の連鎖をもたらします。中国が世界で一番豊かな国であるなら、近隣諸国が朝貢品を自国船で持ってくるというシステムを使い、流通を軽視しても、何の問題も生じさせません。中国は、自国船を使うことによってえられる利益など考える必要もないほど豊かな国家だったからです。「大分岐」の議論で、この点が考察されていないのは不思議というほかありません（詳細は後述）。

中国の税制は、明代には一条鞭法であったのが、清代には地丁銀制へと変化しました。一条鞭法とは、租税と徭役《ようえき》を銀に換算して、一本化して銀で納入することにしたものであり、地丁銀制とは、土地税のなかに人頭税を組み込み、一括して銀納させたものです。その銀は中国国内ではなく、外国から輸入したものでした。これは、中国が豊かで、銀がどんどん流入していたから可能だったのです。

海運業から見た中国の衰退

新世界から東アジア中国へと、大量の銀が運ばれます。その船は、ガレオン船と呼ばれます。メキシコ西岸のアカプルコから、直接フィリピン諸島へと、太平洋を通じて送られるルートが、もっとも重要なルートでした。

1571年に建設されたフィリピンのマニラで、絹と銀が交換されました。それは、スペインにとって、マニラを通じてアジアの市場に参入することがアジアの市場に参入する唯一の方法だったからです。ヨーロッパ外世界の貿易は、まずポルトガル人によって、ついでオランダ人によって支配されており、スペイン人は、太平洋を横断しマニラを通してしか、アジアへと進出することはできなかったのです。

ガレオン船の誕生は、太平洋沿岸貿易の誕生を意味しました。18世紀末には、多数のマニラ産の葉巻が、アカプルコ経由でスペイン領アメリカに輸送されます。

現在の研究では、ガレオン船は毎年200万ペソの銀を輸送していたとされています。その額の多さは、ポルトガル領インドEstado da India、オランダ東インド会社、イギリス東インド会社のすべての銀輸送を合計した額がほぼ200万ペソであったことからも、推測することができるでしょう。

中国は、税金に必要な銀の輸送をスペインにゆだねました。これは、信じがたいほどの物流システムの軽視といえるでしょう。その弱点は、19世紀後半に明らかになります。

中国には、日本からの銀も輸送されていました。その量は、もしかしたら新世界の銀と変わらないほど多かったかもしれません。しかし、新世界の銀は、太平洋のみならず、大西洋→ヨーロッパ→インド洋→東南アジア→中国と、文字通り世界を回って輸送されていたのです。流通経路の長さを考えるなら、新世界の銀の方が、インパクトが大きかったことは明らかです。

18世紀後半になると、イギリスで産業革命が発生したこともあり、中国の方がヨーロッパよりも経済水準が高いとはいえなくなってきます。ヨーロッパの船舶は、中国にどんどん進出するようになりました。1840〜1842年のアヘン戦争で清がイギリスに敗北すると、その傾向はますます強くなります。

1870年代になると、欧米の蒸気船がアジアでの交易でますます使用されるようになりました。中国でも蒸気船を使用した海運会社はできますが、遠洋航海のみならず沿岸航海でも、欧米の船舶、なかでもイギリスの船が使用される比率は非常に高かったのです。これは、中国が朝貢貿易により、物流を軽視した結果だといえるでしょう。

中国経済は、かなり長期間にわたり、おそらく世界でもっとも繁栄していました。そのため、貧しかったヨーロッパと異なり、海上ルートで他地域に進出する必要はなかったのです。清代の対外進出は、台湾を除けば、陸上ルートにかぎられていました。

海上ルートで対外進出をするヨーロッパと内にこもる中国という図式こそ、両地域の運命を分けたのです。大分岐とは、海運業の発展の相違に求められるべきでしょう。

第2章

ユーラシアの東西の発展過程

文明の形成

文明は、人類が定住生活をするようになって誕生したものです。

現在から7万〜5万年前に、現生人類は生まれ故郷であるアフリカから出て、世界中に広がることになりました。これは、「出アフリカ」と呼ばれます。したがって出アフリカとは、ホモ・サピエンスが移動民になったことを意味するのです。

氷河時代が終わったのは、今から約1万年前のことでした。そして最初に農耕がはじまったのはおそらくメソポタミアであり、そのためメソポタミア文明が世界最初の文明として誕生しました。

メソポタミアとは、「川のあいだ」を意味する言葉です。すなわち、チグリス川とユーフラテス川のあいだの地域のことです。二つの川が合流するペルシア湾の河口付近は平野であり、両方の川の氾濫や潮の干満の影響を受けやすい湿地帯です。冬と夏の気温差が激しく、春になると雪解け水で両河は頻繁に洪水になり、農業に適した沖積土がもたらされたのです。そのためもあり、メソポタミアの農業生産性は非常に高かったのです。

メソポタミアに次いで文明を形成したのは、エジプトでした。この地も、周知のように、ナイル川からの洪水や氾濫によりもたらされた肥沃な土壌のために、高い農業生産性を誇るようになりました。そのため、エジプト文明が生まれたのです。
メソポタミア文明とエジプト文明が融合して、オリエント文明が生み出されました。

中国文明の誕生と稲作

現在の考古学の成果によれば、中国で稲作が最初におこなわれたのは、前8000年前半から前7000年の長江であったようです。中国最古の文明とされる黄河文明は、稲作地帯ではなかったのです。

前5000年に稲作地域は黄河流域にまで達しました。現在のところ確実だといえるのは、中国の文明は黄河流域区から生まれたという認識が人々のあいだに根づいていて、しかも、中国は華南ではなく華北から発展したことでしょう。

黄河文明も、メソポタミアやエジプトと同様、河川が氾濫し、肥沃な土壌がもたらされました。最古の文化は、現河南省にあたる裴李崗《はいりこう》文化（前7000頃〜前5000頃）であり、アワを耕作し、ブタを飼育したといわれます。

老官台《ろうかんだい》文化（前6000頃〜前3000頃）は新石器文化であり、磨製石器を中心としていました。ここでもアワが栽培され、ブタや犬などを家畜として飼っていました。主として磨製石器が使用されていたものの、少しではありましたが、打製石器も用いられていました。

北辛《ほくしん》文化（前5300頃～前4100頃）は、黄褐陶や紅陶でできたかなえなどの調理器が発見されており、雑穀を主とする原始的な農業がおこなわれていました。

仰韶《やんしゃお》文化（前5000頃～前3000頃）は新石器文化であり、アワ以外にも、コメや麦を栽培し、羊、山羊、牛を飼っていました。仰韶文化は、ろくろを用いずに彩陶を製造しました。

龍山《ろんしゃん》文化（前3000頃～前2000頃）は、新石器時代の文化であり、黒陶を生産していました。この文化の影響は、長江流域にまでおよびました。石器や骨器、ヒスイなどが遺跡から発掘されています。都市が出現し、農業と牧畜業も盛んになり、コメの栽培もおこなわれるようになりました。したがって、中国の都市文明は、龍山文化からはじまったと考えられます。農業生産が、経済活動の決定的要因とみなされるようになるのもこの時代のことでした。

長期的には、先んじていた黄河文明に対し、より経済力が強い長江文明が追いつき、二つの経済圏が一体化するというのが、中国経済の大きな特徴だといえます。

メソポタミアでは大麦や小麦が栽培されていたのに対し、中国ではコメが生産されるようになります。メソポタミアの農業生産性は高かったが、やがて低下しました。コメの生産性は、一般に麦類よりも高く、中国文明が興隆した理由の一つは、そこに求められるものと思われます。

図2-1 | 中国の古代文明

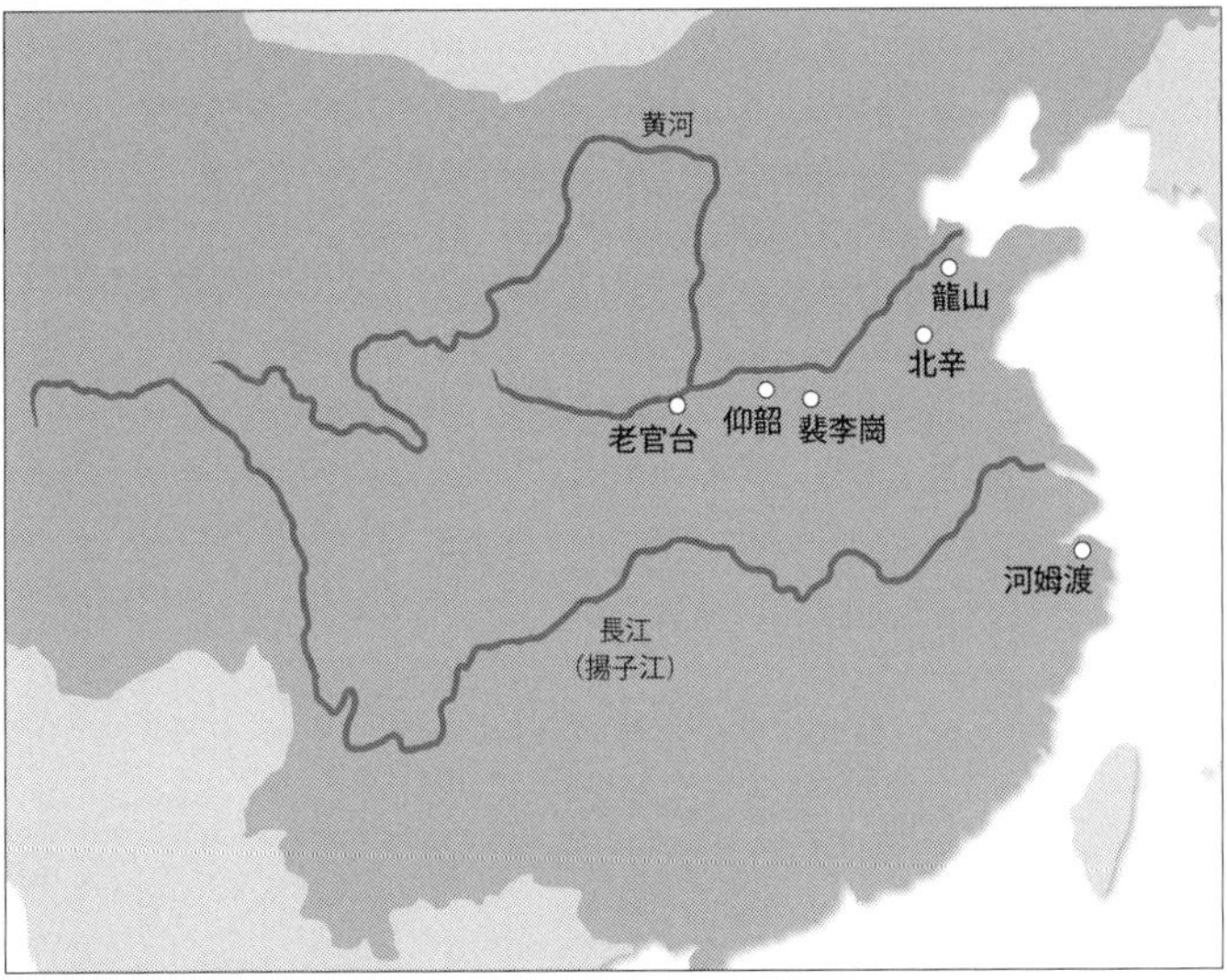

出典：https://jbpress.ismedia.jp/articles/gallery/54030?photo=2より。

夏・殷王朝の特徴

司馬遷の『史記』によれば、中国最古の王朝は夏王朝です。夏王朝が存在していたのかどうか、正確なことはわからないのですが、伝説によれば、中国で最初に支配者となったのは、三皇五帝と呼ばれる聖王たちでした。彼らは、理想的な統治をした人々とされます。

夏王朝の始祖の禹《う》は黄河の治水に功績があり、先帝の舜《しゅん》から天子の位を譲られたといわれます。ここから、帝王がその位を子孫へ伝えないで有徳者に譲る「禅譲《ぜんじょう》」という形式がつくられていったのです。

夏に続く殷は、前1550年頃～前11世紀の王朝でした。殷は一つの都市であり、周辺の邑といわれる都市国家との連合体を形成する連合国家でした。この時代には、青銅器が製造されるようになりました。

夏王朝の桀《けつ》王は、人の道に外れた悪政で人民を苦しめたので、殷の湯《とう》王がこれを撃ち、殷王朝を成立させたとされます。悪政をおこなう王を討ち、追放したのです。これを、放伐《ほうばつ》というようになりました。

殷王朝では、現実に王の直轄地といえたのは都市部だけであり、それ以外の地域の支配権はあまり強くはなかったようです。殷の支配体制は神権政治であったといわれますが、実態は、「神を利用した政治」であり、氏族集団が政治力を発揮したのです。

殷代において、人々のほとんどは農民であり、彼らの一部は、農閑期には王朝の公共（土木）事業に従事し、報酬をえていたとされます。殷の時代はまだ鉄器は使用されておらず、青銅器時代であり、文字として、甲骨文字が使用されていました。

殷を継いだ王朝は、周《しゅう》でした。周は殷の属国だったのですが、前11世紀、文王の子の武王が殷の紂《ちゅう》王を牧野《ぼくや》の戦いで破り、華北一帯を支配することになったのです。これ以降、前770年に周の都が渭水《いすい》流域の鎬京《こうけい》から洛邑《らくゆう》に遷都するまでを西周、以降、前256年に秦に滅ぼされるまでを東周といいます。

図2-2｜殷・西周の地図

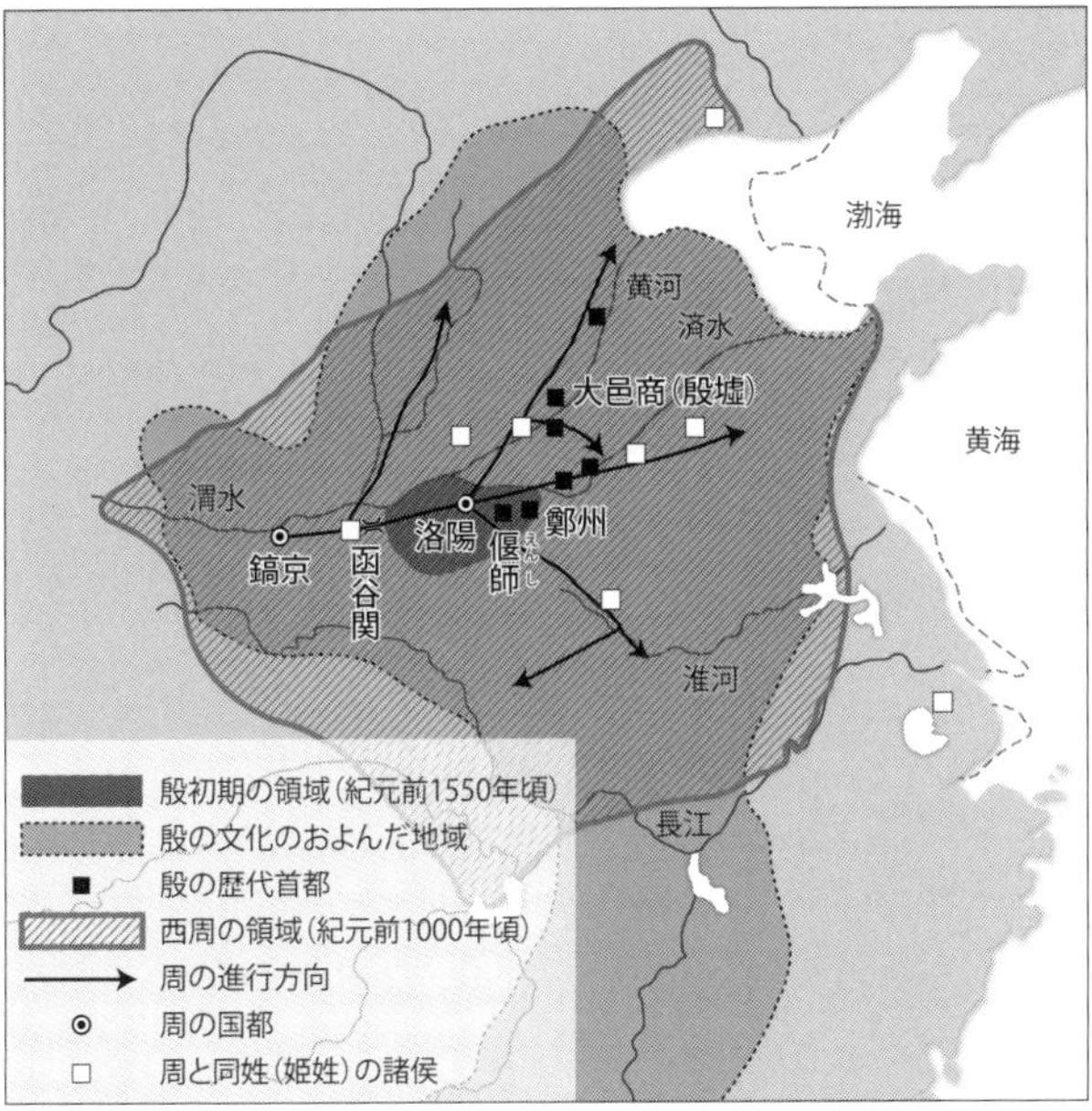

出典：https://sekainorekisi.com/world_history/周の制度と文化/をもとに作成。

周では、有力者に諸侯として領土を与えて封じ、国を建てるという封建制を採用しました。封建制によって、華中地方において長期にわたって安定した支配秩序を維持することができたのです。さらに、封建制を維持するために、儀礼を重視しました。

　そのため周は「礼」が理想的に実施された時代だとされ、儒家の思想家は、周代を理想的な時代とみなすようになったのです。周代の中国は、殷と同様、青銅器時代であり、また、甲骨文字を使用しました。

前771年に周王の幽王が北方の遊牧民犬戎《けんじゅう》によって殺害されると、翌前770年、周王室の一人が鎬京から東方の洛邑に逃れ、周（東周）を再建しました。東周では王の力が失われ、その一方で、諸侯の力が強まっていきました。そのため中国は、前770～前403年の春秋時代、前403～前221年の戦国時代という戦乱の時代に突入します。

春秋・戦国時代は、戦乱の時代でしたが、戦争の規模は決して大きくはなく、経済発展を妨げるほどではありませんでした。現実には鉄製農具が使用されるようになり、農業生産性は飛躍的に高まっていったのです。

中国の思想を決定した時代

春秋・戦国時代の中国で、「諸子百家」と呼ばれる思想家集団が出現したことは広く知られます。それには、儒家、墨家、陰陽家、名家、法家、道家などがありました。動乱の時代を乗り切るために、各国の君主が新しい思想に触れたかったということも、諸子百家が出現した理由でしょう。

諸子百家のなかで長期的にもっとも強い影響力があったのは、儒家であり、それは周の政治を理想化したものでした。したがって、現状改革を唱えたとしても、その理想は過去に求めたのです。

春秋・戦国時代に、中国思想の原型が決定されたといってよいのです。

オリエント文明から生まれたヨーロッパ文明

ギリシアこそ、ヨーロッパ文明の揺籃《ようらん》の地だと思われています。

しかしギリシア文明とは、そもそも古代オリエントから派生したものでした。オリエント文明こそ、ヨーロッパ文明の母体となりました。ヨーロッパと比較すると、オリエントの方がはるかに文明が発展していたことを、忘れてはなりません。たとえば、ギリシアの数学に大きな影響を与えたのは、バビロニアの数学だったのです。

最初期のギリシア文明として、前2000年頃に東地中海沿岸に誕生した青銅器文明であるエーゲ文明があります。前1600年頃になるとミケーネ文明が生まれます。しかし前1200年頃になるとミケーネ文明は突然滅亡し、その後400年間にわたり「暗黒時代」と呼ばれる時代となります。この時代は、文字史料が決定的に不足しているため、そう呼ばれるのですが、このあいだに、ギリシアは独自の文明をもつようになったのです。またこの時代に、ギリシア人とフェニキア人の文化的交流がはじまりました。さらにフェニキア人が、ギリシア

図2-3｜ギリシア人とフェニキア人の植民市（●ギリシア人、▲フェニキア人）

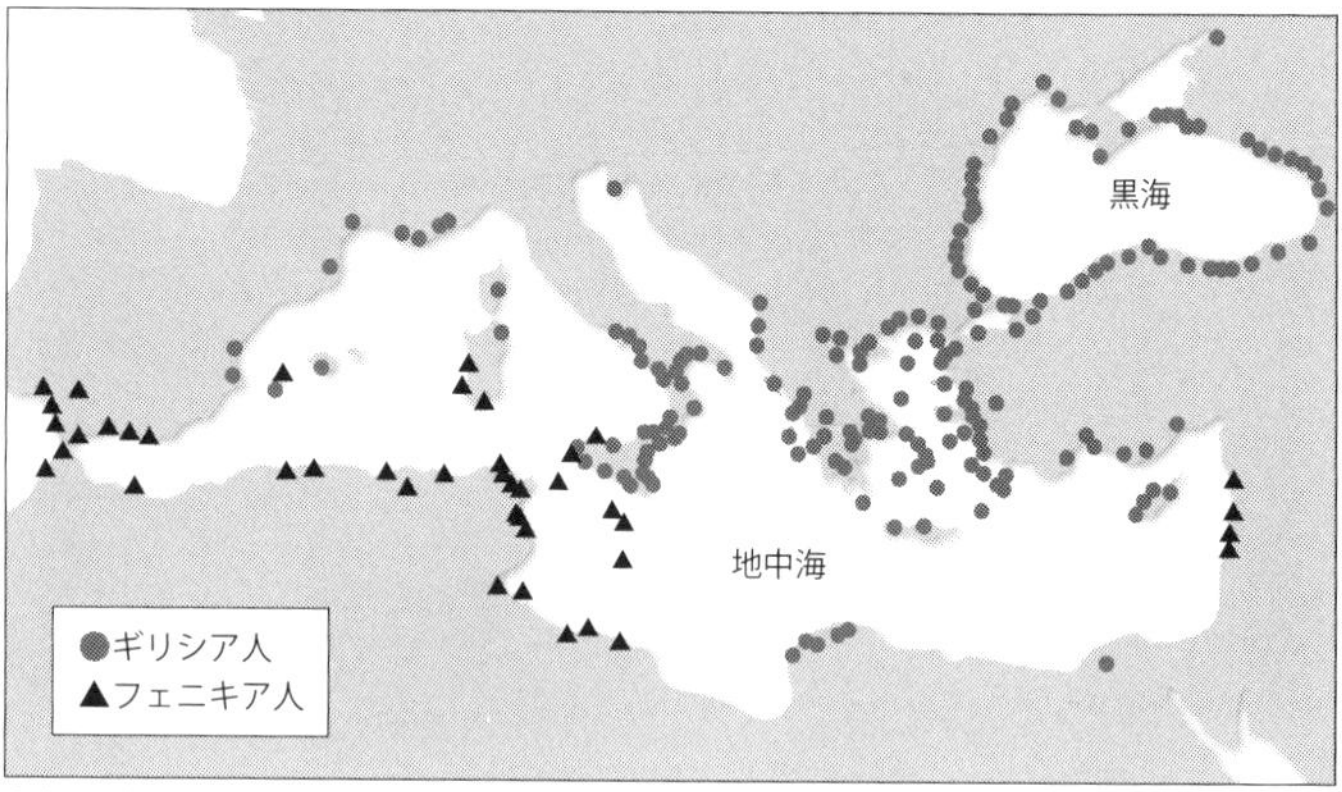

出典：Wikimedia Commonsをもとに作成。

人の移動に積極的にかかわるようになりました。暗黒時代が終わると、ギリシア文明最大の特徴であるポリスが誕生しました。

ギリシアのポリスは、アケメネス朝ペルシアとペルシア戦争（前500〜前449）を戦ったことで知られます。ペルシア戦争の基本史料は、歴史の父といわれるヘロドトス（前485頃〜前420頃）が残した『歴史』です。

ヘロドトスによれば、ペルシア戦争とは、専制政治のアケメネス朝ペルシアに対してギリシア・ポリスが自由を守ろうとした戦いでした。巨大なアケメネス朝ペルシアを、小さなポリスが連合して打ち破ったという見方を提示したのです。これは、長いあいだ支配的な学説でしたが、現在では、ペルシア戦争とは、アケメネス朝ペルシアとギリシア・ポリスという、二つの帝国主義的な勢力の争いであったとされています。

地中海世界では、どうしても穀物が不足しがちです。そのため、海外の穀倉地帯から穀物を入手することが必要不可欠でした。ギリシア・ポリスの植民市が東地中海のあちこちにできたのは、そのためでもありました。ギリシア・ポリスとは、帝国主義的な勢力であり、この点で、アケメネス朝ペルシアと共通しているのです。

オリエント文明から独立したギリシアは、オリエントとは異なり、広大な帝国は築かず、小さなポリスの連合体という形態を選んだのですが、帝国主義の性格そのものは受け継いでいたというわけです。ギリシア人は、主として地中海の東側に植民市を築きます。そして、西側に多くの植民市を築いたのは、フェニキア人でした。

フェニキア人は何をしたのか

フェニキア人はセム語族であり、現在のレバノンのあたりを根拠地として、地中海を中心に大西洋、インド洋、さらには東南アジアにまで進出した人たちです。

前15世紀には、彼らはシリア海岸の都市ウガリットを建設したとされますが、この都市は、前1200年頃、「海の民」と呼ばれる系統不明の民族によって滅ぼされてしまいます。

それに対しシドンやティルスは、むしろ海の民の活動に刺激され、前11世紀に地中海交易に乗り出し、前9〜前8世紀は地中海の各地に植民市を建設していきました。

フェニキア人はアルファベットを改良し、線状文字にし、こんにちまで続くアルファベットのもとを作りました。フェニキアのアルファベットは22文字あり、右から左に書きました。アルファベットの改良こそ、世界の諸文明に対してフェニキア人が残した最大の遺産だといえます。

フェニキア人の交易路は、全地中海におよんだだけではなく、西アフリカ、さらには紅海をへてインド洋に、そして東南アジアにまで達しました。フェニキア人の交易ネットワークは、きわめて広かったのです。

ですが、フェニキア人にとってもっとも重要だったのは、地中海の物流の支配であったことは確実です。フェニキア人は、前12世紀から地中海の物流をほぼ独占するようになったので、地中海の物流は、フェニキア人によって構築されたといって間違いありません。

フェニキア人は、レバノン杉を海運資材として使用し、地中海の航海ルートを開拓していきました。

図2-4 | フェニキア人の地中海における交易路

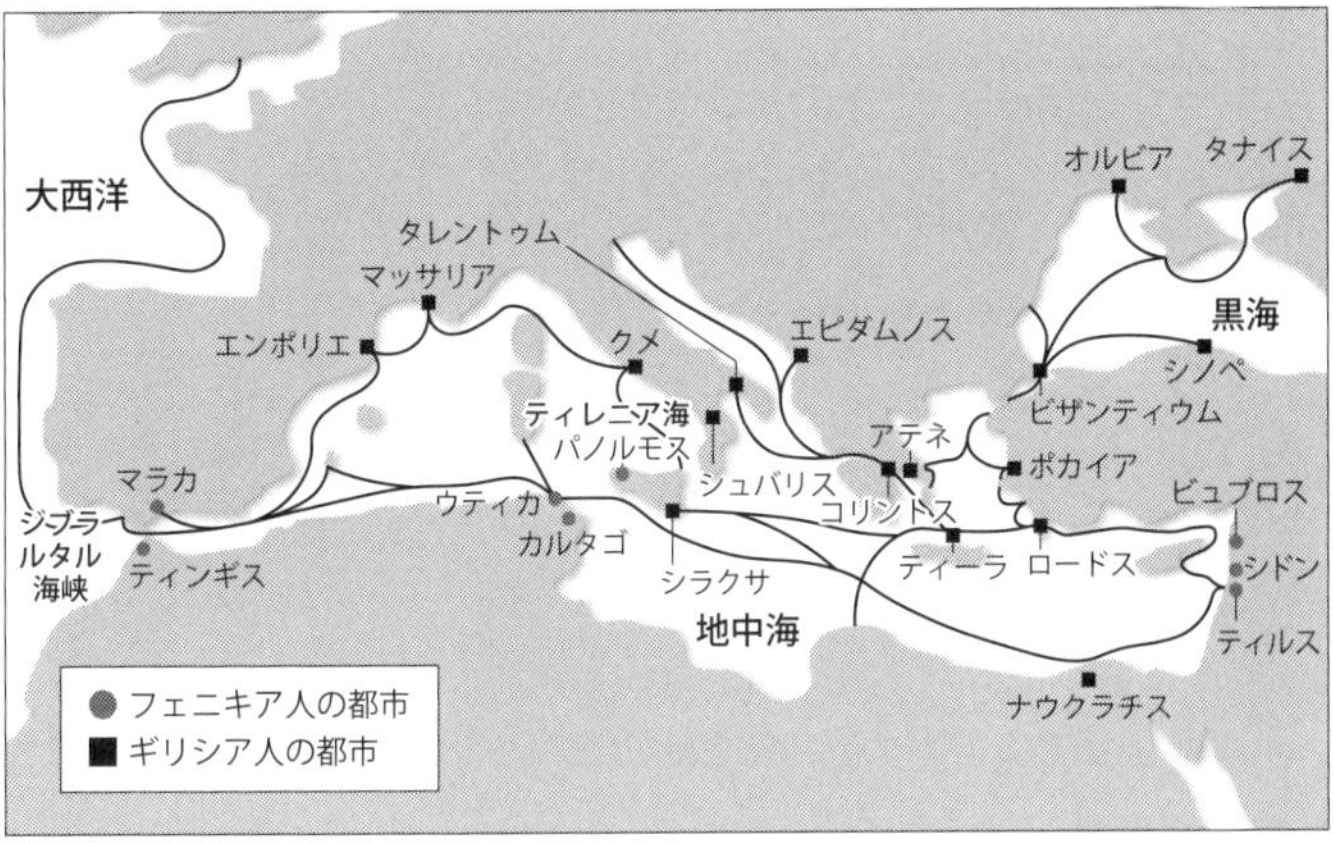

出典：https://jbpress.ismedia.jp/articles/-/53774?page=2より。

中継貿易港としてのティルスの活躍

フェニキア人が築いた都市国家として有名なものはシドンとティルスです。

シドンは、イスラエルの国王ソロモン（在位：前965〜前926）の時代に大きく発展しました。ユダヤの神ヤハウェの神殿建設のために、良質な木材でありフェニキア人が所有するレバノン杉が必要不可欠でした。それを供給したのがティルスであり、ソロモンは、その見返りとして、ティルスに大量の小麦と良質のオリーブ油を送ったのです。

20年間かけて完成したソロモンの神殿には、ティルスからも大量の労働力が提供されました。木材の伐採や輸送だけではなく、内部の備品や調度品の生産に至るまで、ティルスのノウハウが活かされることになりました。

表2-1 ｜ ティルスの交易相手国

地名	品目	地名	品目
タルシシュ	銀・金・錫・鉛	ダマスクス	ぶどう酒・羊毛
ヤワン（イオニア）	奴隷・青銅商品	デダン	乗馬用の粗い布地
ベト・トガルマ	馬・軍馬・ラバ	アブル／ケダル	羊・山羊
ロードス島	象牙・黒檀	シェバ／ラマ	香料・宝石・黄金
イスラエル	小麦・きび・蜜・油・乳香		

出典：栗田伸子・佐藤育子『興亡の世界史——通商国家カルタゴ』講談社学術文庫、2016年をもとに作成。

イスラエルと友好関係をもつことができたので、紅海との交易も、ティルスは手中にしたのです。また、ティルスが取引した地域は非常に多かったのです。表2－1は、ティルスが交易した主要な都市と、取引商品を示しています。いかに多くの地域と取引していたのかがよくわかります。

表2－1に示されているように、ティルスの交易相手地域は、メソポタミア北部からアラビア半島、小アジア、さらにはエーゲ海から地中海西方へと広がっていたのです。とはいえ、東地中海が中心だったといってよいと思います。このような交易ネットワークは、前800年頃に確立していました。おそらくこの当時のティルスは、世界一の中継貿易港だったと思われます。

前12世紀から前11世紀にかけ、ティルスはアッシリアによる圧迫を受けました。アッシリアは前9世紀になると、地中海遠征を常態化させることになります。そして前8世紀の終わり頃、サルゴン2世、次いでセンナケリブ王のもとでシリア、フェニキア、バビロンをつぎつぎと併合し、イスラエル王国を滅ぼすことになりました。ティルスをはじめとするフェニキア人の諸都市は、このような状況において、地中海を西へ西へと向かい、植民市を建設することを余儀なくされたのです。フェニキア人は、植民市を建設し、オリエントからの離脱を実行します。

フェニキア人は、元来の居住地であったレバノンからかなり離れた地域にまで植民市を建設しました。これは、フェニキア人の航海技術がすぐれていたために可能になったと考えられます。ティルスの植民市のなかで、もっとも重要なものはカルタゴでした。カルタゴは、前820年頃ないし前814年頃に建国されたとされます。西地中海では、すでに前6世紀に、カルタゴは交易の中心になっていました。

カルタゴの発展とポエニ戦争

地中海を東西から見た場合、カルタゴはほぼ中央に位置し、シチリア島に近く、北アフリカからイタリアに至る地中海の南北路を押さえることができるという、貿易港としてかなり恵まれた場所に位置していました。

カルタゴは、母市のティルスに取って代わって、中継貿易港として大きく台頭します。それは、アッシリアや新バビロニアが興隆し、ティルスの商業活動が衰退したからです。やがて、カルタゴを中心とする大きなネットワークが形成されるようになります。

前4世紀には、シドン、ティルスがマケドニアのアレクサンドロス大王に征服されます。このときに、多数のフェニキア人がカルタゴに移住しました。そのため、カルタゴは商業国家として繁栄していくことになりました。カルタゴの商船はジブラルタルを越えてブリテン島まで進出し、錫《すず》などを獲得しました。フェニキア人の物流ネットワークは、北海にまで達したのです。

西地中海において、カルタゴの力が大きく伸びました。むろんそれには、カルタゴがそれまでのフェニキア人植民市にはなかった軍事的な性格をもった都市になったことが大きく影響していました。

カルタゴはシチリア島、サルデーニャ島、コルシカ島などを勢力下におさめます。そのため、ギリシア人の植民市であるマッサリア（現マルセイユ）などと対立するようになりましたが、ギリシア人の勢力が衰退したため、大きな抗争には至りませんでした。

カルタゴはさらに、イベリア半島においてはカルタヘナ、アルメリア、バレンシア、バルセロナなどを築きました。カルタゴは、イベリア半島を領土にしていきました。これは、植民市が都市だけであったギリシアとは大きく異なる点です。

カルタゴがシチリア島で西半分を支配するようになると、東側のギリシア人植民市シラクサとの対立が激しくなります。そのシラクサがローマに援軍を要請し、ローマはシチリア進出の好機と捉えてカルタゴと直接対決することとなり、ここにポエニ戦争がはじまることになりました。

強大な軍事力をもつようになったカルタゴが、ローマと対立しないはずはありませんでした。どちらも、領域国家を目指したいわば帝国主義的な勢力であり、両者の対立は必至でした。そのため、カルタゴとローマのあいだで、三度にわたりポエニ戦争（前264〜前146）が戦われたのです。これに勝利したローマは、西地中海の覇者となります。ポエニ戦争とは、地中海における旧勢力のフェニキア人を、新勢力のローマ人が破った戦いであり、後者が勝利を握ることになったのです。

ローマは、前146年にカルタゴを破壊し、滅ぼします。都市には火がつけられ、火は17日間燃え続けました。総人口50万人のうち、生き残った5万5000人のカルタゴ人は、奴隷として売られたといわれます。

カルタゴ（フェニキア人）は、地中海の交易ルートを開拓しました。ローマは、それを利用して地中海帝国を構築したと考えるのが妥当でしょう。

「フェニキア人なくして、ローマ帝国なし」といえるのです。

ユーラシアの東西の相違と類似点

世界最初の文明は、メソポタミアに生まれました。メソポタミア文明はエジプト文明と統合し、オリエント文明が誕生します。そしてオリエント文明が、ヨーロッパ文明の母体になったのです。古代地中海世界の形成とは、ヨーロッパがオリエントの影響力から脱し、独自の文明を形成する過程を意味したのです。

そのときに大きな役割を果たしたのが、フェニキア人でした。そもそもフェニキア人は、世界最大の発明ともいわれる、こんにちのアルファベットの礎《いしずえ》を築いた人々です。彼らは海上の民であり、地中海の一番東から一番西まで航海したのです。

たしかにギリシア人も植民市を形成しました。しかしその規模は、フェニキア人の方が大きかったように思われます。ヨーロッパの原型を成した地中海世界は、フェニキア人がいなければ形成されなかったのです。

ヨーロッパとは、海上ルートによって構築された世界なのです。

それに対し中国は、陸上ルートで拡大した地域でした。黄河文明は、沿岸部ではなく内陸部で誕生した文明です。したがって中国文明の拡大は、陸上ルートによって実現されたのです。

春秋・戦国時代とは、いうまでもなく戦乱の時代ですが、このときに、中国経済は大きく成長したのです。何よりも、鉄製農具ができ、農業生産性が上昇したことが重要だったと思われます。しかも、諸子百家が登場したために、中国思想の根幹が出来上がったのです。じつはこの頃は、中国のみならず、ユーラシア世界の思想の潮流が定まった時代でもありました。

有名な哲学者ヤスパースは、人類が思想的に大きく成長した紀元前500年頃を「枢軸時代」と呼びました。枢軸時代に出現した思想が、その後の人類の歴史に決定的な意味をもったのです。

「[前500年頃に]人類をして今日あらしめている精神的基盤が築かれたのであります。それは中国、インド、ペルシア、パレスチナ、ギリシアにおいて、時を同じくしてではあるが、それぞれ孤立して、できたのであります」（ヤスパース著、草薙正夫訳『哲学入門』新潮文庫）。

この頃、中国では、諸子百家があらわれました。インドではウパニシャッド哲学が生まれ、釈迦が仏教を創始し、中国と同様、懐疑主義と唯物論、詭弁派と虚無主義に至るまでの哲学が出現しました。

イランではゾロアスター教が誕生します。ゾロアスター教は終末論や善悪二元論を説き、ユダヤ教やキリスト教に多大な影響を与えたことで知られます。

パレスチナでは、前586年にユダ王国の首都イェルサレムが新バビロニアのネブカドネザル2世によって征服され、そこに住んでいたヘブライ（ユダヤ）人がバビロンに連行されるという「バビロン捕囚」がなされました。

ヘブライ人は50年ほどにわたる捕囚ののち、アケメネス朝ペルシアのキュロス2世によって前538年に解放され、パレスチナに帰還しました。この民族的な苦難を契機とし、ヘブライ人としての民族意識が強くなり、ユダヤ教の体系が築かれることになりました。

ユダヤ教に大きな影響を受けて、やがて世界三大宗教のうちキリスト教とイスラーム教が成立することになります。

ギリシアでは、詩人のホメロス、哲学者のソクラテス、プラトン、歴史家のヘロドトス、トゥキュディデース、数学者のピュタゴラスらが活躍しました。

ヤスパースによれば、このように、おおむね前500年頃に、世界の思想を決定づける人々が各地で生まれたのです。この頃に人類の思想の大枠は決まったといって過言ではないのです。

ヨーロッパと中国は、それぞれが一つの経済圏としてまとまっていきました。そして、ヨーロッパが海上ルートで、中国が陸上ルートで拡大していた時代に、後世にまで大きな影響をあたえる思想が誕生したのです。これらの思想は、商業ネットワークの拡大により、やがてユーラシア世界全体の歴史に、非常に強い影響をおよぼすことになったのです。

第3章

秦漢帝国とローマ帝国

中国を統一した秦

春秋・戦国時代に中国を統一したのは、周知のように秦《しん》でした。すでに、中国の経済は世界的にみてかなり水準が高く、それを秦が受け継いだばかりか、その水準をはるかに高くしたのです。では、秦はどのようにして経済成長を実現したのでしょうか。

秦は、戦国時代にはもっとも西に位置していました。中国統一にあたり、地理的に恵まれていたとはいえませんでした。

ところが孝公（在位：前361～前338）の治世下において、法家思想家として名高い商鞅《しょうおう》を用い、「商鞅の変法」といわれる改革を実施したのです。すなわち、旧来の貴族層の特権を廃し、君主が官僚を使って民を直接支配する中央集権政治の体制をつくったのです。それによって実現しようとしたのは、富国強兵でした。事実、秦はそれに成功し国力を増強したばかりか、もっとも強力な国家となったのです。

同時代のヨーロッパと比較すると、中国がどれほど強力な支配力がある中央集権国家をつくりあげたか、おわかりいただけると思います。ギリシアのポリスは、一つ一つはあまりに小さく、強力な中央集権体制を敷くことはできなかったのです。

また、ローマはまだ小さく、中国と比較できるほどの強い中央集権体制を採用することは不可能でした。中国の国制は、明らかにヨーロッパよりも進んでいたといえるでしょう。

秦の王となった政（在位：前２４７〜前２２１）もまた法家思想を推し進め、中国を統一することに成功しました。政は度量衡を統一し、文字（小篆《てん》）、貨幣を統一します。中央集権的な郡県制を採用し、氏族集団からの転換を実現させます。さらに、単なる王ではない「皇帝」という地位につき、始皇帝と名乗ったのです。これは、信じられないほど急激な体制転換です。これほど短期間に、これほど大きな改革を実現した支配者は、歴史上ほかにいないように思われます。

小篆はやがてより簡便な隷《れい》書という文字に変わります。隷書体は現在の日本では、印鑑や紙幣の文字にも使われています。日本は始皇帝の文化的影響を大きく受けたのです。

東アジア諸国は、書き文字として長期的には漢字を受けいれるようになっていきました。また、中国文明の影響は明らかに大きく、東アジアはもちろんのこと、東南アジアにまで、その影響はおよびます。この時点では、ヨーロッパでのアルファベットは、中国の漢字ほどには、多くの地域で使用されてはいなかったのではないでしょうか。

漢字の起源はよくわからないようですが、殷代から周代にかけて広まりました。さらに春秋時代になると一気に広がり、戦国時代には行政文書になったといわれます。この事実は、春秋・戦国時代の官僚制度の発展をそのまま示すものでしょう。

漢字が広く使われるようにならなければ、文書にもとづいた行政はありえず、官僚制の発展もかぎられてしまいます。春秋時代に漢字の使用が広まったことは、秦の中国統一の前提条件になったことは明らかです。法家思想は、官僚制の整備のためにうってつけの思想なのです。

秦はまた、半両銭という中国最初の通貨を製造しました。青銅貨幣は、銅と錫でできています。世界的に銅の産地は多いのですが、錫の産地はかぎられています。したがって、青銅貨幣が製造されたということは、すでに交易が発展していた可能性が高いといえるでしょう。

始皇帝は郡県制という中央集権体制を形成しました。春秋・戦国時代には、各地で諸侯が割拠していたので、中央政府からのコントロールがきく状況ではなく、その是正をしようとしたのです。

始皇帝は、それを中央政府が一括して管理するシステムに変えました。そのスピードは、信じられないほど速かったのです。始皇帝のおかげで、経済活動の障壁となるさまざまな無駄が省かれるようになりました。始皇帝の政策により、商業活動に付随するさまざまな費用が大きく低下したのです。経済学的にいうなら、取引費用が低下したのです。

中国の商品は、現在のEUほどではないにせよ、単一市場で流通することになりました。その市場は、国家の権力によって上からつくられたものでした。国家が市場に介入し、商品の流れ（物流）を促進したのです。これほど大規模な経済政策は、当時のヨーロッパでは、考えられませんでした。このようなシステムは、やがて武帝に受け継がれることになったのです。

始皇帝の後継者としての武帝

始皇帝は、前210年に亡くなります。始皇帝は勅書を残し、長子である扶蘇《ふそ》を後継者にしようとしていたのですが、扶蘇は丞相の李斯《りし》の焚書坑儒《ふんしょこうじゅ》などの政策に反対であり、しかも、宦官に対しても快く思ってはいなかったのです。

そのため、李斯と宦官の趙高《ちょうこう》の利害は一致し、彼らは始皇帝の死を秘密にし、勅書を偽作し、末子で暗愚な胡亥《こがい》を皇帝にしてしまいます。本来なら皇帝になれたはずの扶蘇を、謀反の罪で死罪にしました。こうして胡亥が即位し、2世皇帝となりました。

翌前209年、陳勝《ちんしょう》・呉広《ごこう》の反乱がおこり、その影響は、全土に拡大しました。2世皇帝は、趙高の讒言《ざんげん》を信じて李斯を反乱軍に通じていると疑い、前207年、始皇帝に仕えていた李斯をその一族とともに処刑しました。

そのため、事態はさらに悪化します。秦は中国統一から15年後の前206年に滅亡します。そのあとに覇権を争ったのは項羽《こうう》と劉邦《りゅうほう》であり、最終的に劉邦が勝利をえて、前202年、漢王朝が成立します。

漢は、秦に反対するという立場で国を建てました。そのため漢では、秦の郡県制とは異なる、軍国制が採用されました。高祖（劉邦）は、直轄地には中央集権体制である郡県制を、それ以

図3-1 | 前2世紀のユーラシア大陸

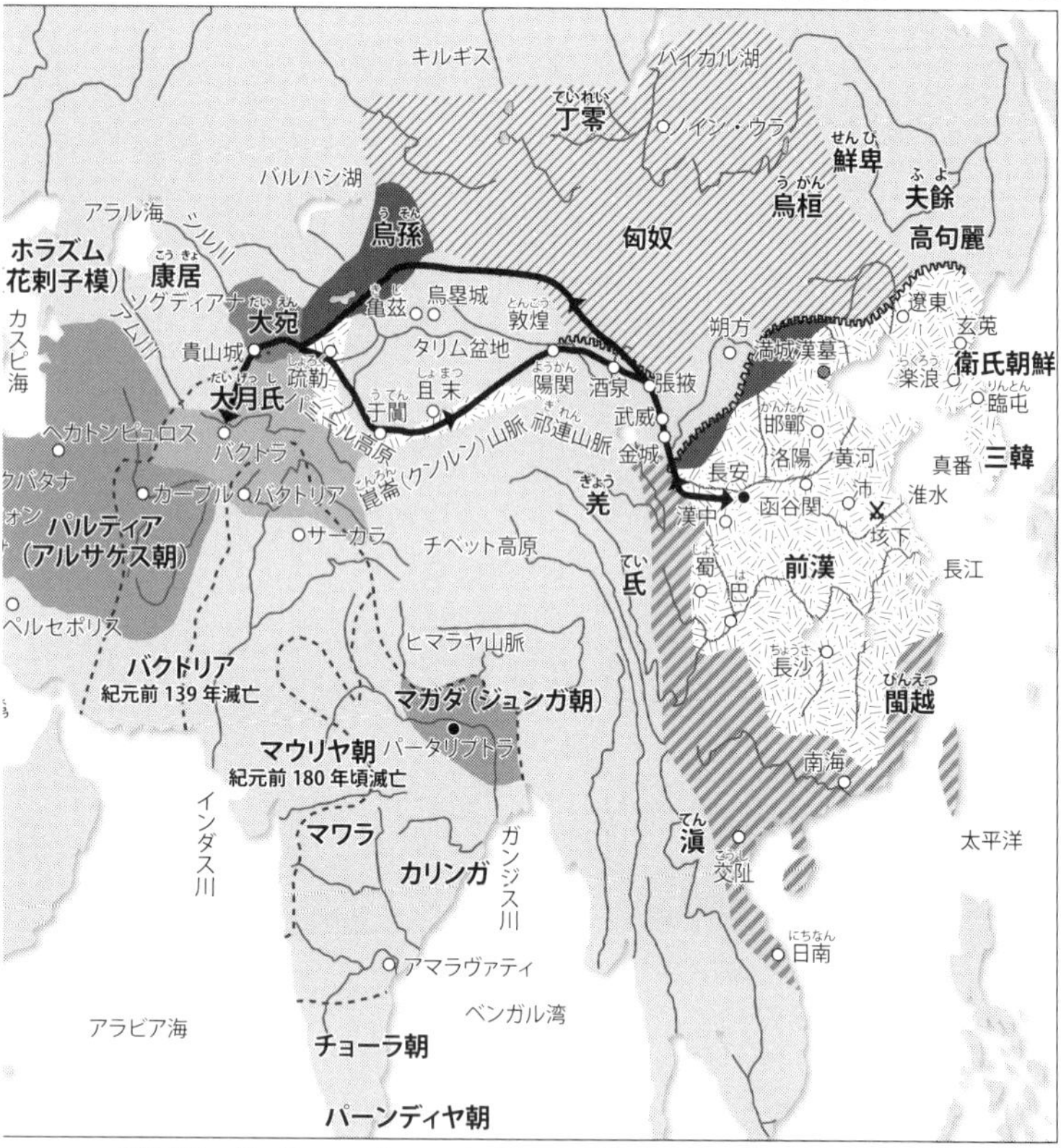

出典：https://twitter.com/joe___yabuki/status/900598049713643520/photo/1をもとに作成。

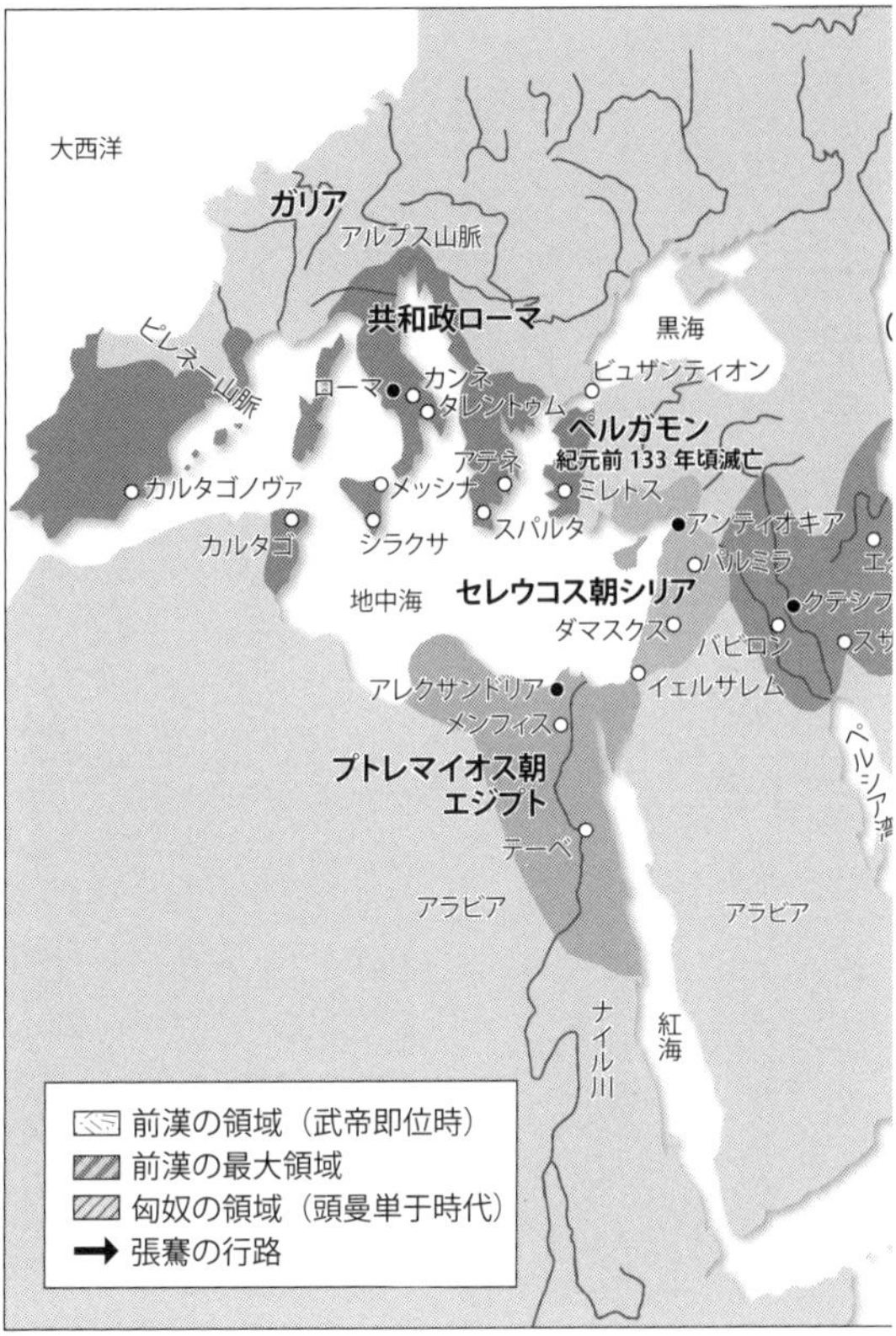

外の地には地方分権体制である封建制、すなわち軍国制を採用したのです。

直轄地以外では、氏族集団の力が強かったのです。しかも、高祖の直轄地は全体の三分の一にすぎませんでした。高祖は、自分のために戦った諸侯の功績を無視することができず、彼らを厚遇しなければならなかったからです。こういう状態から中央集権制を確立することこそ、武帝の時代までの漢政府の大きな課題となったのです。

漢の諸皇帝は、諸侯の権力を奪い取って、自分の権力を強めようとしました。それに対して諸侯が反発したのが、前154年の呉楚七国の乱だったのです。

この乱は景帝により3カ月間で鎮圧されます。さらに次の武帝（在位：前141～前87）の治世になると、諸侯の力はさらに弱められ、君主独裁制が強められることになりました。

ここから、次のような結論が導き出されます。それは、秦から漢（前漢）の武帝に至る80年間余りは、皇帝独裁＝中央集権化政策の歴史であり、この政策を開始したのは始皇帝であり、完成させたのが武帝だったということです。この政策は、現在の目から見れば、単一市場誕生を目指したものだったのです。すなわち、始皇帝から武帝までの100年ほどをかけ、中国は経済成長に適した制度を整えていったのです。

そのために、漢の経済力は強化されました。しかしそれを基盤として外征をおこなったため、やがて漢の経済は弱体化したのです。武帝の対外遠征は、結局、始皇帝が長生きしていたならばしていたことでした。

武帝が採用した財政政策は、当時のヨーロッパでは不可能だったと思われます。EUができるはるか以前に、たしかに統合度の点では劣るとはいえ、中国に単一市場が誕生したのです。その影響は、アジア（とくに東アジア）の多くの地域におよびました。

武帝の政策

では、武帝は具体的にどのようなことをしたのでしょうか。

武帝は、ほぼ全土への統一的支配を実現し、中国南部、さらには朝鮮半島まで郡県制を拡大しました。

さらに、遊牧民族の匈奴への対立姿勢を明確にしました。たとえば、前139年に、匈奴を挟撃《きょうげき》するため、張騫《ちょうけん》を大月氏国に派遣しました。張騫は、十数年後にようやく帰国します。張騫によって、大月氏や大宛、烏孫などの状況が報告され、武帝は本格的な西域経営に乗り出すことになりました。前129年以降、衛青《えいせい》、霍去病《かくきょへい》らを将軍とし、匈奴を圧迫し、西域に進出することになったのです。

さらに、武帝は敦煌以下の郡を置いて支配領域を西域に広げました。その他、ベトナムの南越を滅ぼして日南郡などを置き、朝鮮にも進出して楽浪郡以下の四郡を置いて直轄領としました。このように武帝時代には、その版図を中華以外の世界に拡大しました。

これらの地域が、中国を中心とした、当時の単一市場に取り込まれたと考えられるのです。したがって中国は、当時としては、かなり効率的な経済の運営ができたと推測できるのです。

武帝の財政改革

このように一見華やかに見える時代でありましたが、武帝の対外政策により、漢の国庫は空になってしまったのです。したがって、漢は財政再建を図る必要がありました。そこで登場したのが、桑弘羊《そうこうよう》でした。

桑弘羊の助言を受け、武帝は、塩鉄税収を国家財政に移管します。鉄と塩は、中国においてもっとも重要な産業でした。しかし、塩の生産地は山西省や四川省の一部にかぎられており、地元の製塩業者とその販売業者が巨額の富をえていたのです。また、鉄製農具は製鉄業者とその販売業者の独占状態にあり、莫大な利益をえていました。

塩と鉄は課税されていたのですが、国家財政には入っておらず、武帝はそれを国家財政へと移管したのです。その後、塩と鉄の専売制が導入されることになりました。

さらに、均輸法・平準法が導入されました。均輸法とは、地方に均官を設置して、この均官に物品の購入と中央への輸送を担当させるというものです。換言すれば、国家が商業行為をすることであり、これにより、国家財政の安定が図られたのです。

平準法とは、物価が低下すると買い付けをおこなって物価を引き上げる政策をとり、物価が上昇するとこれを販売して引き下げることを意図したものです。

さらに武帝は、商工業者の財産税を増税する政策をとり、中央官庁による貨幣鋳造の独占もなされました。

このような積極的財政政策は、当時の世界で最先端のものだったと考えられます。もし漢が戦時に国債を発行し、平時に増税してそれを返済するという「国債」のシステムを取り入れていたならば、18世紀イギリスの経済政策と比べても遜色ないほどの財政政策だったかもしれません。

逆に言えば、イギリスで採用されたこのシステムが中国では結局導入されなかったために、近代的な財政システムの発展へとつながらなかったのです。ここに、漢にかぎらず、歴代の中国政府の財政システムの弱点がありました。国債を発行しなかったのは、そもそもそういうことを思いつかなかったからだと考えられます。

それ以外の理由として、国債はいずれ償還しなければならず、したがって国債の発行は経済成長を前提としていたということが考えられます。漢代の中国に、持続的経済成長があったとは思われません。

武帝の財政改革は、単に財政システムの改革にとどまらず、国家が経済に介入し、経済成長を促すというシステムとなりました。それは、始皇帝が開始し、武帝が完成したシステムだといえるのです。

均輸法と平準法は、特権的な大商人にとって大きな打撃となりました。しかし一般の人々にとっては、プラスに作用しました。かぎられた商品ではあれ、物流が、特定の商人の手中にある状態から脱却したのです。そのため、さらに中国の経済は成長することになりました。

武帝時代に、官吏登用法として、郷挙里選が制定されました。これにより、地方豪族の子弟が推薦されて中央の官吏となり、豪族支配の要因となりました。

後漢へ

武帝の時代は、漢（前漢）の繁栄のピークでした。武帝で頂点に達した前漢は、同帝の没後、下り坂を迎えることになりました。すでに殷代で見られた氏族制度は崩壊し、家族労働をベースとする農民が経済活動の中心になっていたのですが、彼らは、重税・徭役・軍役のために、没落していきました。彼らとは逆に、土地を集積し奴隷を所有する豊かな豪族が台頭していったのです。

中央では、宦官と外戚が実権を握るようになり、政治は混乱しました。漢の実権を握った王《おう》莽《もう》は、後8年に皇帝の平帝を暗殺し、新を建国し、周の政治を理想とする復古政治を実現しようとしました。

それは現実的政策ではなく、農民反乱である赤眉《せきび》の乱など、各地で反乱が起こると後23年に王莽は自殺し、2年後の後25年、劉秀《りゅうしゅう》が漢王朝を復活（後漢）させ、光武帝（在位：25〜57）として即位したのです。

光武帝は、36年、赤眉軍を破り、中国統一を実現しました。光武帝は王莽の制度を廃止し、前漢の制度を復活させ、奴婢の解放、耕地・戸籍の調査、田租の軽減、郡兵の廃止などを実現させたのです。

光武帝の時代にも、匈奴は中国政府に脅威を与えていました。匈奴は、48年に南北に分裂し、そのうちの南匈奴が後漢に服属することになります。またベトナムの徴《チュン》姉妹の反乱がありましたが、それも平定しました。光武帝は、周辺世界の諸民族を服属させることに成功したのです。

91年に西域都護となった班超《はんちょう》は、後漢の西域への勢力拡大に尽力し、匈奴に服属していた西域諸国を後漢に従わせたばかりか、部下の甘英《かんえい》をさらに西方に派遣しました。また、甘英はパルティアをへて地中海まで到達したといわれます。これは、シルクロードがあったからこそ実現できたことでした。

後漢を衰退に向かわせたのは、これ以降の中国の王朝によく見られたように、外戚と宦官でした。やがて宦官が外戚の勢力を中央政府から一掃することに成功しました。それに対し、官僚が反感をもっていました。

官僚は、党人といわれます。党人は郷挙里選により儒教思想にもとづいて政治活動をしようとしており、宦官を批判していました。それに対する反発から、宦官によって党人が禁錮されるという事件が、166年と169年に起こりました。これを、党錮の禁といいます。党人に対する弾圧はその後20年間ほど続いたのです。

後漢時代には、貧民化した農民が多く、社会不安が強まり、太平道などの新興宗教が興りました。184年に、張角が唱えた新興宗教の太平道に農民反乱が結びつき、黄巾の乱が起こりましたが、後漢には、それを抑えられるほどの力はなかったのです。そのため後漢は220年、魏の曹丕《そうひ》に滅ぼされてしまいました。

中国はなぜ経済成長をしたのか

これまでの議論からおわかりいただけますように、中国の経済成長における始皇帝と武帝の役割は非常に大きかったのです。この二人の皇帝によって、中国の中央集権化は大きく進みました。始皇帝がはじめた中央集権化を、武帝が完成させたのです。中国経済が成長した理由の一つは、単一市場が形成され、度量衡と文字が統一され、経済活動が大きく促進されたからです。それは、以降も中国が世界でもっとも豊かな国になることを大きく推進したのです。

しかも武帝は、積極的財政政策を導入し、税収を増大させ、国家が、経済に積極的に介入することで、財政の安定をはかりました。しかしそこに欠けていたのは、国債の発行だったのです。

ローマ　誕生から帝国まで

伝説によれば、古代ローマは前753年に、オオカミによって育てられたロムルスとレムスによって建国されました。

前616年にエトルリア人による王政となり、それは前509年まで続きます。以降、共和政になったのですが、依然として貴族の力が強かったのです。そこから長い時間をかけ、平民の力が強くなっていったのです。

前5世紀初頭、平民会と護民官が設置されます。平民会は平民のみで構成される議会であり、護民官を選出します。

前450年頃には、十二表法が制定されます。これにより、貴族階級から選ばれる神官が独占していた訴訟日程や手続きの決定に市民が関与し、市民が裁判をするようになります。そのため、貴族も平民も、法の前での平等を実現しました。

前4世紀中頃には、リキニウス＝セクスティウス法が制定されます。これにより、最高位の公職者であるコンスルの一人を平民から選出することになります。

前3世紀前半に制定されたホルテンシウス法により、平民会の決議が国法となります。ここに、平民が貴族と同等の権利を有するようになったのです。

ローマは、イタリア半島を統一しようとして戦争を継続しました。そのため、平民が重装歩兵として軍隊の中核になり、発言権が増していきました。平民は武器を自弁して、国土の防衛と拡大に貢献しました。そのため、平民の力が強くなっていったのです。

さて、ここまではイタリアをローマが統一していく過程です。ローマは、陸上だけではなく、海上にまで勢力を伸ばそうとします。その結果生じたのがポエニ戦争であり、これに勝利したローマは、海上帝国＝地中海帝国へと変貌していきます。このことからも、ローマがカルタゴの遺産をうまく利用したことが想像できるでしょう。

ポエニ戦争でカルタゴを打ち破ったローマは、西地中海で領土を獲得していきます。

ローマは、ポエニ戦争に加え、マケドニア戦争という征服戦争を戦います。マケドニア戦争は前3〜前2世紀にローマと、ギリシアのマケドニアのあいだに発生した戦争であり、ローマはこれに勝利します。その結果ローマは、ギリシアに対する覇権を打ち立てることに成功しま

図3-2 | 古代ローマ帝国地図

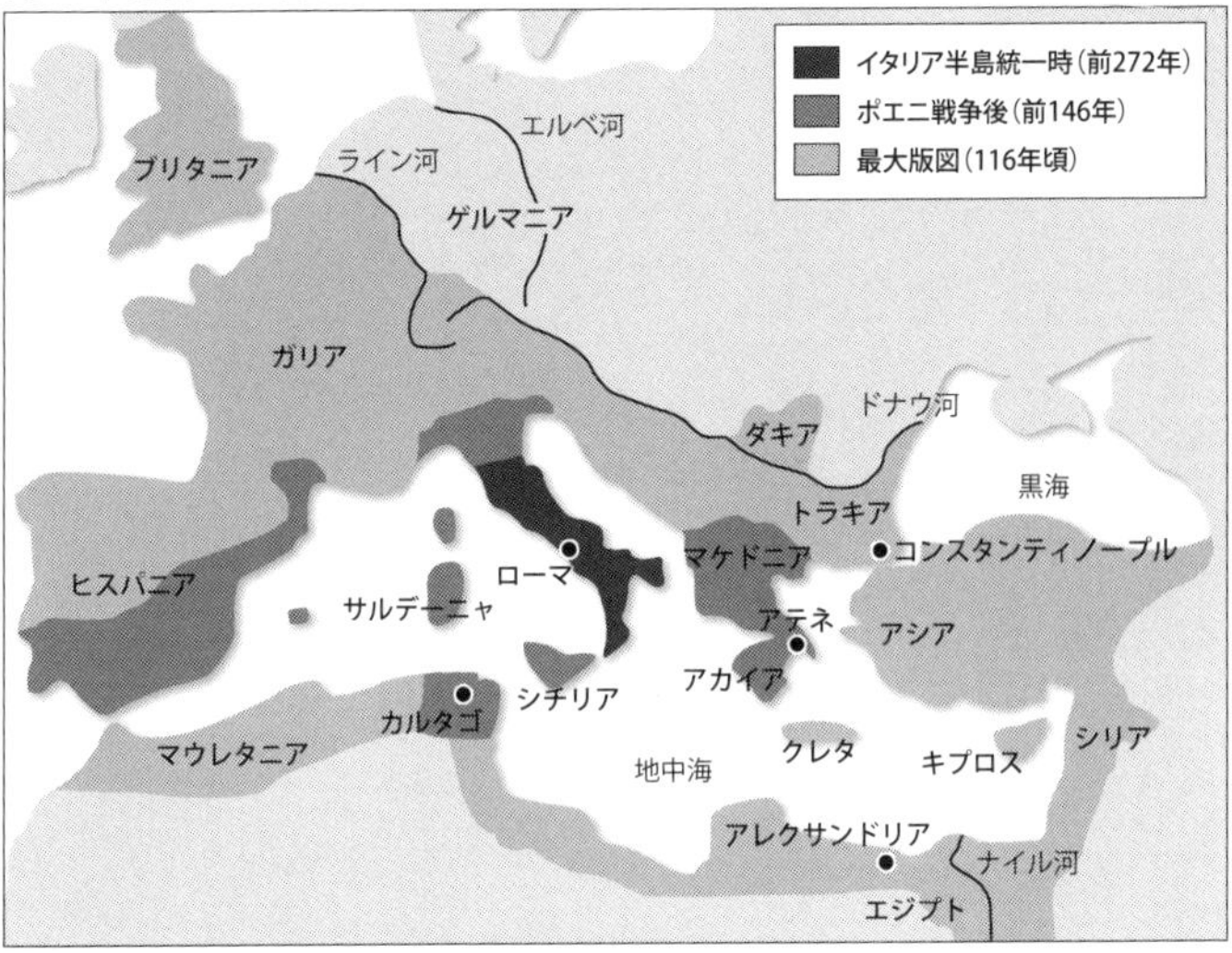

出典:https://www.ne.jp/asahi/puff/mdg/g1/Ecp_map1.htmlをもとに作成。

した。前146年には、マケドニアはローマの属州となりました。

戦争を重ねることによって、ローマは属州を獲得していきます。ローマの領土拡大については、図3-2に書かれている通りです。ローマには属州から、安価な穀物が流入するようになります。

属州を統治したのは総督であり、徴税は、徴税請負人によって実行されました。彼らは、規定よりも多額の税を徴収し、その差額で巨額の富をえることもありました。多額の税がイタリア本土に送られることになり、ローマ市民の税負担はほとんどなくなります。地中海世界は、ローマの繁栄のために奉仕するようになっていきました。

戦争に参加した中小農民は、軍備が自弁であったため、没落が進み、貧富の格差が拡大することになりました。そればかりか、属州から穀物が流入したためにイタリアの穀物価格は下落し、中小農民は貧しくなっていきました。

その結果、ローマの共和政の基盤が崩れてしまいます。一部の有力者が大きな権力を握るようになり、その有力者が閥族派（名門貴族出身で元老院の議員を世襲してきたような閥族）と平民派（元老院に対抗して平民会を基盤として台頭した政治党派）に分かれて争うようになりました。

前2世紀後半には共和政の動揺は覆い隠すことができなくなります。大土地所有を進行させるためには奴隷制を発展させる必要がありました。すると、それに反発し、奴隷反乱が発生することになります。その最大のものが、前73年に勃発したスパルタクスの反乱です。

このように、前1世紀になると、スパルタクスの反乱以外にも、同盟市戦争（主にイタリア南部の都市国家や部族が、ローマ市民権を求め蜂起した戦争）、ミトリダテス戦争（ローマと小アジアのポントスの王ミトリダテスの戦争）などが次々に生じます。これらの戦争・反乱を鎮圧したのは、平民の重装歩兵ではなく、スラ、ポンペイウス、クラッスス、カエサルに代表される有力な将軍の私兵集団や傭兵でした。そして彼らが、ローマの覇権を目指して争うようになります。

三頭政治とは、有力な三者による政治同盟のことであり、前60～前49年の第1回三頭政治ではカエサル、ポンペイウス、クラッススが、前43～前32年の第2回三頭政治ではアントニウス、オクタウィアヌス、レピドゥスが有力者となり、政治同盟を結成しました。

第1回三頭政治では、3人のなかからカエサルがもっとも強力になり、独裁的な権力を振るったのですが、前44年に暗殺されます。第2回三頭政治では、その後継者争いが生じます。それを制したオクタウィアヌスが権力を握ることによって、ようやく内乱は終息しました。

オクタウィアヌスが前27年にアウグストゥスの称号を贈られ、ここに皇帝として君臨するローマ帝国が成立したのです。以後、476年に西ローマ帝国が滅亡するまで、帝政が続きました。

帝政の途中まで、領土は拡大しています。地中海世界に関しては、領土の拡大は、カルタゴの商業ネットワークをかなり利用したと考えられます。ローマとカルタゴが衝突したのも、どちらも帝国主義的な拡大政策をとったからでしょう。ローマは、地中海における領土拡大を、まずはカルタゴ領であったイスパニア（スペイン）から開始します。またどちらも、ギリシアとは異なり、大きな領土を有する帝国となったのです。

われらが内海となった地中海

アウグストゥスの没後、あまり有能ではない皇帝が続きました。第5代皇帝（在位：54～68）

ネロは、64年、ローマ帝国による最初のキリスト教徒の迫害をしました。この年にローマで大火があり、その責任をキリスト教徒に押し付けたのです。そのため逆に、キリスト教がローマ社会に着々と根づいていくことになりました。

ローマ史では、ネルウァ、トラヤヌス、ハドリアヌス、アントニヌス・ピウス、マルクス・アウレリウス・アントニヌスの五賢帝の治世（96〜180）こそ、ローマの最盛期であったという見方が有力です。『ローマ帝国衰亡史』を書いたイギリス人の歴史家エドワード・ギボンは、五賢帝の時代を、「人類史のなかでもっとも至福の時代」と述べました。しかしこれは、あまりにヨーロッパ中心的な主張だといえるでしょう。

古代ローマの最大版図を実現したのは、五賢帝の一人トラヤヌス帝（在位：98〜117）でした。新しく獲得した領土のなかで、アフリカは、もともとカルタゴの領土でした。ローマは、カルタゴの領土を組み込むことで、巨大な帝国になっていったのです。

ローマによって、地中海は政治的に統一された帝国になり、地中海はローマ人の内海となりました。しかしその後、ローマは衰退していくことになります。

ギリシアと同様、ローマでも、食料は不足していました。それを供給したのは、スペインとアフリカの属州、とくにエジプトでした。その輸送ネットワークは、古代ローマ人が開拓したものではなく、フェニキア人の流通網を使ったものだったと考えられます。

ローマはブリテン島に渡りましたが、それはずっと以前にカルタゴ人によって成し遂げられていたことなのです。ローマが付け加えたのは、ブリテン島の統治でした。

ポエニ戦争に勝利したため、西地中海は、ローマの内海となりました。それに、イタリアに穀物を輸入する必要があったことも影響していました。穀物を生産したのは奴隷であり、その輸送を請け負った船舶も奴隷が漕ぎ手となりました。それは、常に奴隷を供給するために、絶えず新しい植民地を獲得する必要があったことを意味します。ローマが、戦争をし、領土を獲得していった背景には、このような事実がありました。ローマは、国土の拡大がなくなると、新しい奴隷を購入することが難しくなります。奴隷がいなければ経済が維持できないローマにとって、それはアキレス腱となったのです。

ローマ帝国の構造

ハドリアヌスの時代に、ローマはヨーロッパ大陸の多くの地域も手中に入れていました。ハドリアヌス時代の領土は、あくまでローマ帝国領であり、こんにちの「ヨーロッパ」という言葉が意味する土地のすべてを表すわけではありません。

だが、もしこれをヨーロッパと同義語として扱うなら、ヨーロッパの意味する地域の広さは、古代ギリシアの時代と比較してきわめて広くなったのです。しかも、中国は陸上ルートで、ローマは海上ルートで領土を拡大したのです。このような相違は、軽視すべきものではありません。

この時代を頂点として、古代ローマの領土は縮小していきます。しかし、476年に西ローマ帝国が滅亡しても、まだビザンツ帝国の領土は広大だったのです。

東欧史の観点から見るなら、ローマ世界の後継者は、ビザンツ帝国となりました。しかしビザンツ帝国は、1453年に滅亡し、モスクワ大公国のイヴァン3世は、1472年、ビザンツ帝国の皇帝の姪と結婚し、ビザンツ帝国の後継者となりました。

これは、オリエントの影響が西方に伝わったのとは反対に、ローマの影響が東方に伝わったことを意味します。コンスタンティノープルは第二のローマ、モスクワ大公国時代のモスクワは第三のローマ、すると社会主義時代のモスクワは第四のローマであり、現在のロシアはビザンツ帝国の末裔ということになります。

古代ローマ帝国では、ゲルマン人は傭兵やコロヌス（土地所有者の土地の耕作をして小作料を納める農民）として働いていました。375年以降、匈奴と考えられるフン人に押されてゲルマン民族が帝国内部に侵入し、古代ローマが変容したとされます。ですが、現実にはゲルマン人自身が古代ローマの文化を受け入れていたのです。したがって古代ローマの文化が、476年を境に根絶やしになったわけではありません。

フン人がヨーロッパにまで進出したことは驚くべきことですが、そもそも匈奴が中国に侵入したことを考えるなら、ユーラシア大陸は、一つの空間ととらえられるようになったということなのです。

古代ローマはアフリカ北岸を自国領にし、多くの奴隷をイタリア半島に運びました。また、食料が不足していたため、スペインとアフリカの属州、とくにエジプトから食料を輸送していました。

食料が不足したのは、領土が拡大したために、首都ローマに多数の移民が押し寄せたためです。元来、ローマの市民権はローマ居住者の自由民のみにかぎられていました。ですが212年、カラカラ帝の治世下で帝国内の全自由民にローマ市民権を与えるアントニヌス勅令が公布され、属州を含め、全自由民に（ラテン人でなくとも）市民権が与えられることになりました。

ローマ史でしばしば使用される言葉に、「パンとサーカス」というものがあります。食料と見世物を提供することで、市民に政治的関心を失わせることでした。食料が無償で供給されたのは、ローマが広大な属州をもち、そこから穀物を輸入することができたからです。

どのような時代においても、「帝国化」すれば、そこに移民が入ってくるのは避けられません。帝国は、本国と植民地に分かれます。植民地の人々は、より高い賃金を求めて本国へと移動します。あるいは、より高度な文明に憧れて本国に渡ります。それゆえ、「帝国化」と移民の流入は表裏一体の関係にあるのです。ローマ帝国は、多様な人々からなる帝国であり、海上ルートで見るなら、フェニキア人が形成したルートをたどって移動したのです。

ローマの財政と貿易

現在のローマ史研究では、「帝国の総国家歳入は交易、とくにインド・地中海交易からの関税収入額を不当に低く見積もっていた」という意見があります。マヌラフリンというローマ史の研究者によれば、国際交易による歳入（関税）は、ローマ帝国の財政の最大で三分の一を供給したのです。

ローマは戦争をして、領土を拡大しました。そして属州からのものも含めた海上交易による歳入は、詳細な点まではわからないにせよ、ローマの国家にとって不可欠なほどの寄与額であったことは間違いありません。

ローマの収入のうちもっとも重要なものは、インド洋交易からの歳入でした。これには、輸入関税だけではなく輸出関税も含みます。ローマはやはり海洋国家であり、国家の歳入には、フェニキア人が開拓した海上貿易のネットワークが大きく寄与したと考えるのが自然でしょう。

ローマは、少なくとも漢代の中国ほどには、国家が経済活動に介入し、国家の歳入を増大させるという政策をとる必要はありませんでした。むしろ、海上交易による輸出入の増大が、国家財政の健全化に寄与したということができるでしょう。

ローマには桑弘羊のような人物は出現しませんでした。すなわち、ローマ以降のヨーロッパの財政制度は、中国と比較すると税の増収にはあまり寄与することはなかったと結論づけられます。

第4章

魏晋南北朝時代の中国とビザンツ帝国の興亡

魏晋南北朝とは

漢の治世は、途中王莽が新を建国したことで短い中断はあったにせよ、約400年間も続きました。後漢末に太平道の信者による黄巾の乱がおこったことをきっかけにして、国内が分裂する魏晋南北朝時代（220～589）へと突入したのです。これは、350年間以上にわたる分裂の時代でした。

魏晋南北朝時代のうち、西晋による天下統一までの三国時代（220～280）は、魏・蜀・呉が鼎立《ていりつ》した時代です。蜀と呉は、長江文明に関係する地域に位置していたので、三国時代に、黄河文明と長江文明が政治的一体性を強めたと思われます。

184年に黄巾の乱が起こると、漢の統治能力はかなり低下しました。そこで、魏の曹操《そうそう》が後漢の皇帝に取って代わろうとしていたため、207年、漢王朝の末裔と称する劉備《りゅうび》が隠棲中の諸葛孔明を訪ね、「三顧の礼」をとり、軍師として迎えることになりました。

曹操は、屯田制を導入します（制度そのものは、漢代からありました）。曹操は国有地に農民を導入して耕作させるだけではなく、財政確保を目的として各地に民屯をおいて、郡県官とは別の典農官に管理させ、現物で租税を納めさせたのです。そのようにして、国土の回復に努めながら、全土の統一を目指し、南下を開始しました。

図4-1 ｜ 3世紀の東アジア

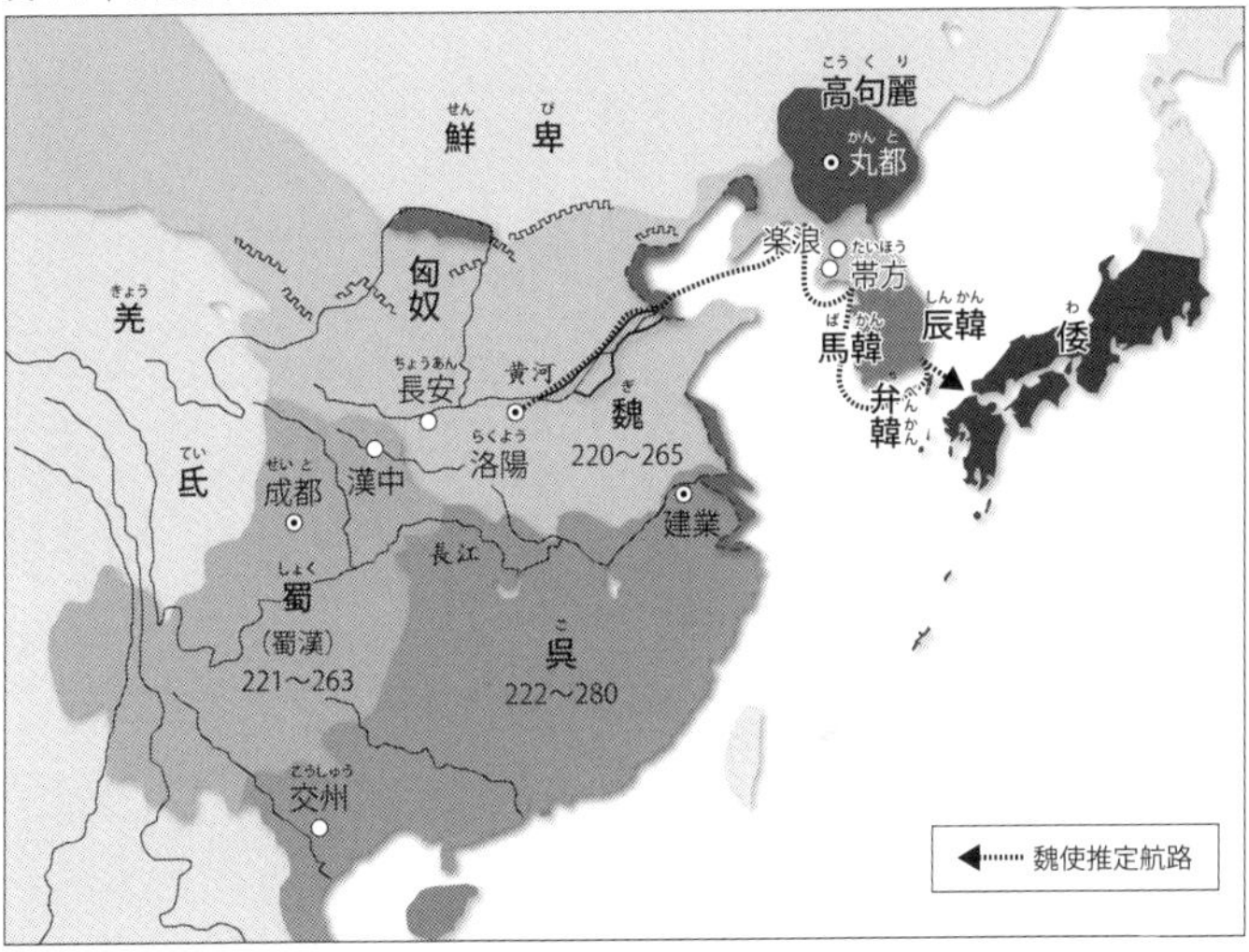

出典：https://ywl.jp/content/ZMTLRをもとに作成。

諸葛孔明は江南（呉）の孫権《そんけん》と連合し、曹操と対抗しようとし、208年、赤壁《せきへき》の戦いで曹操軍を打ち破り、曹操の全国統一は頓挫することになりました。

220年、曹操が亡くなり、彼に代わって魏王となったその子曹丕はついに献帝に迫って退位させ、禅譲を受ける形にして皇帝文帝として即位し、魏王朝を開き、後漢王朝は滅亡します。

そのため、魏・蜀・呉の三国が中国を分割支配するようになったのです。

西晋から東晋へ

三国時代において、国力の点では魏が圧倒的に強かったのです。豊かな黄河流域をおさえ、九品官人法〈政府の官職を一品から九品までの等級〈官品〉に分かち、官品に従って待遇を定める〉により、人材を登用したことが、その大きな理由です。

魏は、263年蜀を滅ぼします。ところが265年には司馬炎が魏の帝位を奪い、武帝として即位し、晋〈西晋〉を建国しました。武帝は、占田法・課田法を採用し、土地公有制を促進したのです。さらに武帝は280年には呉を滅ぼして中国を統一し、ここに三国時代は終焉します。

経済的に非常に重要なことに、三国時代には、呉が江南の開発を進めました。また、蜀の諸葛孔明は、背後を固めるために南方の雲南地方にも進出し、この地域に漢人が進出するきっかけをつくりました。経済の先進地帯である華南と、政治の中心である華北という現在でも見られる構造は、三国時代にはじまったのです。

相次ぐ戦乱のため、三国時代には中国の人口が一説には七分の一にまで減少したといわれます。これは言い過ぎでしょうが、華北の経済力が低下し、華南が上昇することで格差が縮まったと考えられます。ですがおそらく、全体としては、停滞の時代でした。しかし、その停滞の時代に、隋・唐で開花する土地公有制という新しい制度が準備されていたのです。

西晋による中国の統一は長続きしませんでした。290〜306年には内乱である八王の乱が起こります。316年には西晋が滅び、南に逃れて317年に東晋が誕生したのです。

五胡十六国時代

匈奴の劉淵《りゅうえん》が、304年に、漢（前趙）を建国します。それから439年に北魏の太武帝が華北を統一するまでのあいだを、五胡十六国時代といいます。この間に、中国北部で五胡と呼ばれる諸民族が興亡したために、そう名づけられました。五胡とは、匈奴・鮮卑・羯・氐・羌です。

五胡十六国は、中国統一を目指した皇帝の苻堅《ふけん》（在位：357～385）が、383年の淝水《ひすい》の戦いで東晋に敗北し、そのため、華北で諸民族が乱立した時代を後期とみなすことができます。後期になると、最北端にいて、十六国にも加えられていなかった鮮卑の拓跋《たくばつ》氏の代国が急速に力をつけ、389年に魏王を称し、439年に華北を統一することで、五胡十六国時代は終わったのです。

この時代に、北方民族（胡人）が華北に国を建てたのは事実ですが、同時にそれは、北方民族の漢化ともいえるのです。彼らはこの時期に初めて移住して征服活動をしたわけではなく、それ以前の漢代からすでに中国領内に移住しており、漢人社会に溶け込んでいました。遊牧民族である彼らは、騎馬兵力の傭兵として、すでに活躍していたのです。

五胡の建てた国家においても、国家官僚として漢人が採用されており、北方民族が漢民族を排除、支配したわけではありません。

むしろ、五胡と華北の漢人社会は融合したのであり、漢人の生活に、遊牧民族の習慣が取り入れられることになったのです。具体的には、騎馬の風習、椅子の生活、コメではなく小麦が主食になったのです。

また、インドから中央アジア、西域をへて入ってきた仏教が、五胡十六国のもとで保護されました。西域のクチャ出身の仏図澄《ぶっとちょう》は、羯の時代に中国に招かれ、華北における仏教の興隆のきっかけをつくりました。鳩摩羅什《くまらじゅう》は、西域からシルクロードを通り、401年に長安に到着しています。鳩摩羅什は、長安で大乗仏教をはじめとするさまざまな仏典の漢訳に努めたのです。

五胡十六国時代に、中国の仏教文化は大きく発展したのです。

北魏　拓跋珪

4世紀末、鮮卑のうち拓跋氏の勢力が大きくなります。それは、拓跋珪《けい》の政策のおかげでした。拓跋珪は拓跋氏を統一し、396年には華北のほぼすべてを統一し、平城（現在の山西省大同市）に都をおき、黄河以北のほとんどの土地を支配下におさめました。従来の部族組織を解体して中国的官僚制度の基盤を固め、北魏の皇帝となります（太武帝　在位：４２３〜４５２）。

太武帝は、領地域を巡行し、要地に行台を設置し、占領地行政にあたらせました。各地方の旧官吏、胡・漢の民衆合わせて10万人以上を新たな平城周辺に強制移住させます。そして彼らに一定の土地を支給し、耕作させることによって国家財政の基礎を固める措置をとりました。

太武帝の時代に西域が北魏によって支配されたことにより、シルクロードの東西交易が活発になり、ササン朝の文化や、インドから多くの僧侶が盛んに中国に渡来するようになったのです。

ところが太武帝は、仏教を弾圧するのです。４３９年に華北の統一に成功した太武帝は、寇《こう》謙之《けんし》が説いた新天師道を信仰し、４４２年に道教を北魏の国教と定めます。そして４４６年には、激しい仏教弾圧である廃仏をおこなうまでになりました。

孝文帝の政策

第６代孝文帝（在位：４７１〜４９９）は、馮《ふう》太后が４９０年に死去すると、親政を開始しました。馮太后が導入していた均田制（国家が国民に田や荒地を給付して、収穫物の一部を国家に納めたのち、定年により土地を返却する制度）・三長制（戸籍・税制を整備するために、五家を隣、五隣を里、五里を党とし、それぞれに隣長、里長、党長を置いた制度）を採用し、北方民族による漢人支配の体制を強化します。

孝文帝は漢化政策を推し進めます。４９４年には都を中原の洛陽に遷都させ、服装、食事、言葉などを中国風に改めます。宮廷では鮮卑語など北方民族の言語の使用を禁止し、漢語を用いることを義務づけました。さらに姓を、漢人のものに変えさせました。

北魏では、府兵制など、後世にまで残る政策を導入しました。府兵制は均田制と一体となった制度でした。すなわち北魏政府は、均田制によって土地を与えた壮丁（青年男子）を戸籍によって掌握し、そこから兵士を徴兵するという、徴兵制度を実施したのです。

孝文帝が亡くなると、漢化政策に対する北方民族の不満が高まり、何度か反乱が生じました。そのため北魏は、５３４年には東西に分裂することになります。西魏から禅譲を受けて北周が成立し、北周から、隋が誕生することになりました。

北魏からは北斉が建国されます。のちに北斉の内政は混乱し、突厥《とっけつ》などの圧迫を受け、北周によって滅ぼされることになりました。

東晋から陳へ

東晋は、西晋の王朝の一族である司馬睿《えい》が３１７年に江南に建てた王朝です。司馬睿とともに華北から移動してきた門閥貴族が実権を握っていたのですが、彼らは江南の土着の豪族たちとの融和を図る必要がありました。江南の豪族たちも、晋の皇帝の一族である司馬氏の権威が必要であったので、両者の利害は一致し、比較的安定した政治がおこなわれたのです。

　東晋は北朝の進攻に備えるために巨額の経費が必要であり、そのため農民に重税を課しました。すると、民間信仰の五斗米道を信仰する人たちが４０２年に反乱を起こします。

　そして、この反乱を鎮圧した劉裕が頭角をあらわし、４０４年には東晋の実権を握りました。４２０年になると、劉裕が東晋の皇帝から禅譲を受けて宋を建国しました。軍事政権を樹立し、江南の豪族勢力を抑えることにも成功します。東晋の都は建康（現在の南京）におかれました。その後、建康に都をおいた宋・斉・梁・陳の王朝が続くことになり、これらの王朝では、すべて貴族文化が継承されました。

　文学では陶淵明《とうえんめい》（陶潜）、謝霊運《しゃれいうん》、昭明《しょうめい》太子、画家では顧愷之《こがいし》、書道では王羲之《おうぎし》らが有名です。漢詩文では流麗な文体の四六騈儷体が流行しました。四六騈儷体は、日本では、奈良時代や平安時代の漢文でしばしば使用され、古事記の序文は、四六騈儷体が用いられています。

　東晋では中国仏教も発展し、慧遠《えおん》などの浄土教が生まれました。また、呉から陳までの文化を六朝文化といいます。さらに、梁の武帝（在位：５０２～５４９）は仏教を保護し、建康には多数の寺院が建立されることになりました。僧侶の法顕《ほっけん》がグプタ朝時代のインドに赴き、戒律を学んで帰ったことが、それを証明します。武帝は、南朝の経済も成長させました。建康の商業が繁栄したため、貨幣が不足し、武帝は銅銭に代わって鉄銭を発行するまでになったのです。

東晋を継いだ宋王朝では皇帝一族の権力闘争が激しく、４７９年に最後の皇帝順帝が軍人の蕭道成《しょうどうせい》に位を禅譲して滅亡しました。蕭道成は建康を都として継続し、国号を斉と改めました。しかし５０２年に一族の蕭衍《しょうえん》によって倒され、蕭衍は梁を建国し、即位して武帝となります。

梁の武帝の統治は、南朝でもっとも栄えた時代といわれ、皇太子の昭明太子は文人としても有名であり、『文選』を編纂しました。武帝は九品中正法を改善し、胡人でも才能のある人物を登用しようとしました。それが、科挙の前身となったのです。

武帝は仏教を保護したために多額の出費をし、内政の失敗を外征で挽回しようとしました。しかしそれには失敗し、５５７年には陳が成立します。ですが、陳に強力なリーダーシップがなく、５８９年に隋によって滅ぼされ、ここに中国がようやく再統一されたのです。

魏晋南北朝時代の中国は、経済的に成長した時代とは決していえません。しかしながら、隋唐、さらにはそれ以降の中国の法的・経済的制度が整備された時代だったということは可能です。隋唐の帝国が機能するためには、魏晋南北朝時代の制度が不可欠だったのです。

地中海世界の変貌

3世紀のローマは、軍人皇帝時代（235年から285年にかけ、帝国各地の軍隊が皇帝を擁立・廃位した内乱の時代）に見られるように、大混乱の時代でした。それに終止符を打ったディオクレティアヌス帝は、都を小アジアのニコメディアに移し、帝国を東西に二分割し、それぞれに正・副皇帝をおく「四帝分治制（テトラルキア）」を開始します。303年には、最後にして最大のキリスト教迫害を実行しました。

306年西方皇帝となったコンスタンティヌス1世は、324年には全ローマの皇帝になりました。313年にミラノ勅令を出し、キリスト教を公認しました。325年にはニケーア公会議を招集し、アタナシウス派を正統としてキリスト教の教義を統一します。330年には都をローマからコンスタンティノープルに移しました。そのために、ローマ帝国の重心は東方に移ったのです。

キリスト教の勢力はさらに強まります。392年、テオドシウス帝がアタナシウス派のキリスト教を国教化し、他の宗教を禁止したのです。テオドシウス帝の死後の395年、ローマ帝国は東西に分裂しました。そしてローマを中心とし、イタリア半島とその周辺を支配する西ローマ帝国と、コンスタンティノープルを中心として東地中海、バルカン半島、小アジアを支配する東ローマ帝国（ビザンツ帝国）とが成立しました。ビザンツ帝国はローマ帝国の末裔であり、さらに現在のロシアは、その後継者ということになります。

財政改革

日本を代表するビザンツ史家である大月康弘によれば、ディオクレティアヌス帝とコンスタンティヌス1世によりローマの国制の大規模な改革がなされました。その一つに、財政改革があります。

まず財政年度が確立し、9月から翌年の8月までを1年としてカウントしました。

4〜5世紀になると、帝国財政制度が再建されます。具体的には、度量衡を整備します。それまで地方ごとに不統一だった計量単位を統一しました。1リトゥラという重さ（約326g）の金塊を一つの単位とし、これを72等分して1枚の金貨を打造します。これがノミスマ金貨Nomismaです。この金貨はローマ帝国のソリドゥスSolidus金貨を継承したもので、以後、15世紀に至るまで地中海世界における基軸通貨となったのです。

313年に出されたミラノ勅令により、それまで財産権をもたなかった教会に、財産が認められました。教会は、寄進および遺産を受領する権利をもつようになります。5世紀にかけて、ローマ帝国内にはキリスト教の聖堂が出現することになります。この傾向には、392年の国教化の後、拍車がかかったようです。

農地、牧地、建物、家屋などの不動産、加えて家畜などの動産すべてが、個々の教会（聖堂）の所有とされました。西ローマ帝国が476年に滅んだあとでも、教会は、ビザンツ帝国における大土地所有者でした。そのため、地域社会はもとより、中央権力に対しても政治的権力を行使する存在となりました。

社会のキリスト教化にともない、キリスト教会はローマ帝国社会で強固な地位を確立しました。そのため、帝国財政だけではなく、市政の経済構造にも変化がもたらされました。

エジプトの重要性

エジプトがローマ属州になったのは、前1世紀末のことでした。それ以降、エジプトはローマの穀倉庫となりました。それは、ビザンツ帝国になっても受け継がれたのです。エジプトのアレクサンドリアの人口は、500年頃において、20万～30万人に達したといわれます。この当時の東地中海の住民のうち、約四分の一がエジプトに居住していたと推測しても、大きな間違いはないと思われます。

しかし、エジプトの重要性は、それにとどまりません。6世紀において、エジプトの生産高は2000万ソリドゥスであったと推計されますが、それはビザンツ帝国の歳入総額の八分の三を占めていたと考えられるのです。それは、ヘロドトスによって「エジプトはナイルのたまもの」といわれるように、ナイル川の氾濫や洪水がもたらす肥沃な土壌のためでした。

6世紀初頭には、エジプトからビザンツ帝国の都のコンスタンティノープルへと、毎年2億4000万キログラムの穀物が輸送されていました。

エジプトは、重要な商品集産地でした。とりわけアレクサンドリアは、地域間交易で非常に重要な役割を果たしていました。多数の商品が、エジプトを通じて流通しました。そのなかには、パピルス、ラクダ、高級繊維品、銀などがありました。エジプトから、イギリスに向かう船舶さえありました。現在のスリランカにまで、船舶が訪れることもありました。

エジプトはさらに、宗教的にも重要でした。キリスト教の国教化がなされると、ローマ帝国末期には五つの管区に分けて教会と信徒を管理するようになりました。その五管区の大司教がおかれた教会を五本山といいます。それらは、ローマ、コンスタンティノープル、アレクサンドリア、アンティオキア、イェルサレムです。このうち、アレクサンドリア、そしてアンティオキアの司教座はエジプトに位置しました。

しかしまた、エジプトでは、コプト正教会の勢力も強かったことを言っておかなければなりません。

451年のカルケドン公会議で、ローマ教会の三位一体説が、キリスト教の唯一の正統な教理として確定しました。三位一体説とは、父(神)・子(キリスト)・聖霊の三位は、唯一の神が三つの姿となって現れたもので、元来は一体であるとする教理です。この公会議の開催を要求したローマ教会の司教の発言力が強まり、ローマ司教は首位権を主張してローマ教皇といわれるようになりました。

カルケドン公会議の決定は、イエスに神聖しか認めないという単性論や、イエスのなかには神性と人性が一体化しているという合性論を信じる人々にとって、受け入れられないものでした。

コプト正教会は、合性論を支持しています。そのため彼らは、ローマ・カトリック、さらには東方教会とも距離をおくようになります。エジプトとコンスタンティノープルの関係は、良いものではなくなっていきました。それは、後代にエジプトがビザンツ帝国の一部ではなくなることを、エジプトの人々があまり残念とは思わないようになる一因となりました。

ユスティニアヌス1世

476年の西ローマ帝国崩壊によって崩れた古代地中海の制海権を回復したのは、ビザンツ帝国の皇帝ユスティニアヌス1世（在位：527〜565）です。

即位後、ユスティニアヌス1世は、ローマ帝国の領土の回復をめざし、重税政策をとりました。しかし、そのためコンスタンティノープル市民の反発を受け、ニカの乱によって危機に陥りました。皇后テオドラや将軍ベリサリウスの支援でそれを切り抜け、565年まで、帝国の統治に尽力したのです。

ユスティニアヌス1世は領土拡張に努めます。534年にはヴァンダル王国を征服しました。535年にはイタリア半島の東ゴート王国とのゴート戦争を開始し、555年にはそれを滅ぼしイタリア半島支配を回復します。また、西ゴート王国を攻撃してイベリア半島南部を占領、かつてのローマ帝国の地中海域の全域に対する支配を再現したのです。

地中海は、ローマ帝国の時代と同様、ビザンツ帝国の内海となったのです。ユスティニアヌス1世はササン朝ペルシアのホスロー1世と戦い、同朝の侵入をくい止めます。ユスティニアヌス1世は、ビザンツ帝国前半の最盛期を現出した皇帝なのです。

ユスティニアヌス1世は、トリボニアヌスらに命じ、『ローマ法大全』を完成させました。

図4-2 ｜ ユスティニアヌス1世時代のビザンツ帝国領

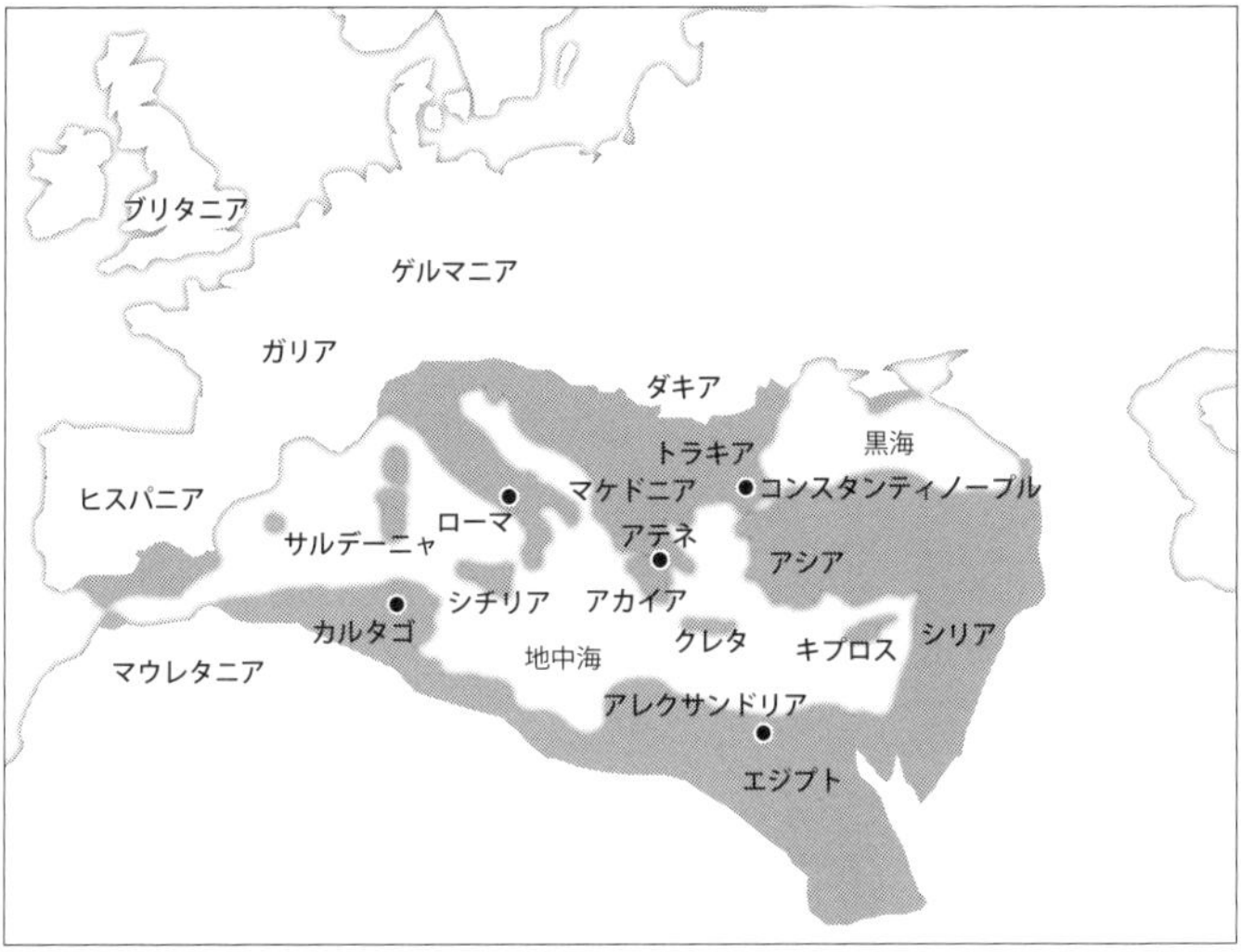

出典：Wikimedia Commonsをもとに作成。

これはいわばローマ法の集大成ともいえるもので、その影響力は非常に長く続いたのです。537年にはハギア・ソフィア大聖堂をコンスタンティノープルに再建しました。そしてハギア・ソフィア大聖堂には、ギリシア正教のコンスタンティノープル総主教座がおかれました。

ユスティニアヌス1世は、三位一体説による統治を強く主張しました。エジプトのコプト正教会やシリアの単性論者などを厳しく取り締まったばかりか、領内のユダヤ教とユダヤ人の権利を制限して迫害を加えます。またアテネでプラトン以来900年以上続いていたアカデメイアを529年に閉鎖します。

このように、正統派のキリスト教を強

く擁護し、それ以外の人々は排撃するという行為に出ます。それは、将来的にはエジプトの離反を招くことになったものと思われます。

経済面では、国内産業の保護に努め、すでに第1章で述べたように、ソグディアナからの密輸により養蚕業を発展させました。

イスラームの登場

7世紀の世界史を一言でまとめるなら、「イスラームの世紀」といえるでしょう。

イスラームの預言者ムハンマド（570頃～632）は、40歳頃から神の声を聞くようになったといわれます。自らを「最後の預言者（神の言葉を預かり、人々に伝える者）」と考え、メッカ（マッカ）の人々にアッラーを唯一の神として崇拝し、神の恩寵と、それに対する善行の義務を説くようになりました。

しかし伝統的な多神教が優勢だったメッカでは、ムハンマドの教えは人々にはなかなか受け入れられず、むしろ、信者たちは迫害を受けました。そこでムハンマドはメッカでの布教を諦め、622年に彼らを支持する人々が住むメディナ（マディーナ）にヒジュラ（聖遷）し、イスラーム暦の紀元としたのです。

ムハンマドの教えは、すぐに広まりました。ヒジュラに成功したムハンマドは、史上初めてアラビア全土の諸部族を統一することに成功します。ムハンマドが632年に亡くなってからも、イスラーム勢力の興隆は信じられないほど急速でした。

632年にムハンマドが逝去してから661年までは、正統カリフ時代と呼ばれます。ムハンマドの後継者であるカリフが正しく選出され、ムハンマドの教えも厳しく守られていた時代であり、カリフは、選挙によって選ばれました。

イスラームの正統派は、スンナ派です。それ以外にも、シーア派が有名です。スンナ派は4人の正統カリフと、後述するウマイヤ朝の正統性を認めるのですが、シーア派は、第4代カリフのアリーとその子孫のみをムハンマドの真の後継者とみなして、ウマイヤ朝を否定します。

正統カリフ時代には、多数のジハード（聖戦）が戦われます。651年にササン朝ペルシアを滅ぼし、イランをイスラームの土地としました。アラブ人は、ジハードにより征服した地方の拠点に軍営都市（ミスル）をおいて入植し、支配領域を拡大していったのです。

ウマイヤ朝は、領土を大きく拡大しました。首都は中央アジアのソグディアナに進出したほか、670年には、北アフリカに進出し、この地を征服しました。そしてジブラルタル海峡を越え、スペインに渡り、711年には西ゴート王国を滅ぼしました。その勢いは、732年のトゥール・ポワティエ間の戦いで、フランク王国宮宰《きゅうさい》のカール・マルテルに敗北するまで続いたのです。

各地を征服したウマイヤ朝でしたが、現地の人々はなかなかムスリムにはならず、異教徒の比率が圧倒的に高かったことは重要です。領土内には、各種のキリスト教徒、ゾロアスター教徒が居住していました。ウマイヤ朝は、彼らから税金をとることで、異教の信仰を許したのです。

同時に、アラブ人を優遇し、非アラブ人がムスリムに改宗しても、アラブ人と同等の権利を付与することはなかったので、なかなかイスラーム化は進まなかったのも事実です。また、ビザンツ帝国を何度も攻撃しましたが、領土の征服には成功しなかったのです。

イスラーム勢力のこのような興隆に翻弄されたのが、ビザンツ皇帝ヘラクレイオス1世（在位：610〜641）でした。ヘラクレイオス1世は長年の宿敵であったササン朝ペルシアと戦い、628年には首都クテシフォンを占領しササン朝を降伏させ、ササン朝の手に落ちていたシリア・エジプトなどを奪回しました。

しかし、イスラーム勢力には勝てず、636年にはシリアを、641年にはエジプトを失います。ビザンツ帝国の穀倉地帯であったエジプトを失ったことは、ビザンツ経済にとって大打撃であったと思われます。以降、ビザンツ帝国は大きな収入源を失い、現在までエジプトはイスラームの土地となったのです。

第5章

隋唐帝国とフランク時代のヨーロッパ

隋の経済的貢献

隋を建国した楊堅《ようけん》は、北朝・北斉の外戚でした。581年に、北周の静帝の禅譲を受けて即位しました。このときに隋が誕生したのです。北方では突厥を圧迫し、583年には東西に分裂させました。そして南朝の陳に大攻勢をかけ、589年に滅ぼし、魏晋南北朝時代を終わらせ、中国の再統一を実現したのです。長安の東南に建設した大興城を都としました。

隋は、大運河（京杭《けいこう》大運河）を建設しました。初代皇帝の文帝が建設を開始し、第2代皇帝煬《よう》帝《だい》（在位：604～618）によって610年に完成したものです。総延長が2500キロメートルにおよぶ大運河です。これにより、華北と華南の物流がつながれました。そして、両地域が一つの経済圏となることを大きく促進しました。始皇帝以来の中国の単一市場形成政策がさらに前進したのです。

しかしそのために膨大な人手を必要とし、その建設費もおそらく天文学的になったため、人々はかなり疲弊しました。さらに煬帝は三度にわたる朝鮮半島の高句麗遠征に失敗し、人心は彼から離れていったのです。

そのため内乱がおこり、618年に隋が滅び、唐が建国されることになりました。ですが、もし国債を発行していたなら、運河からの収入をもとにしてそれを返済することで、財政は悪

図5-1 | 京杭大運河

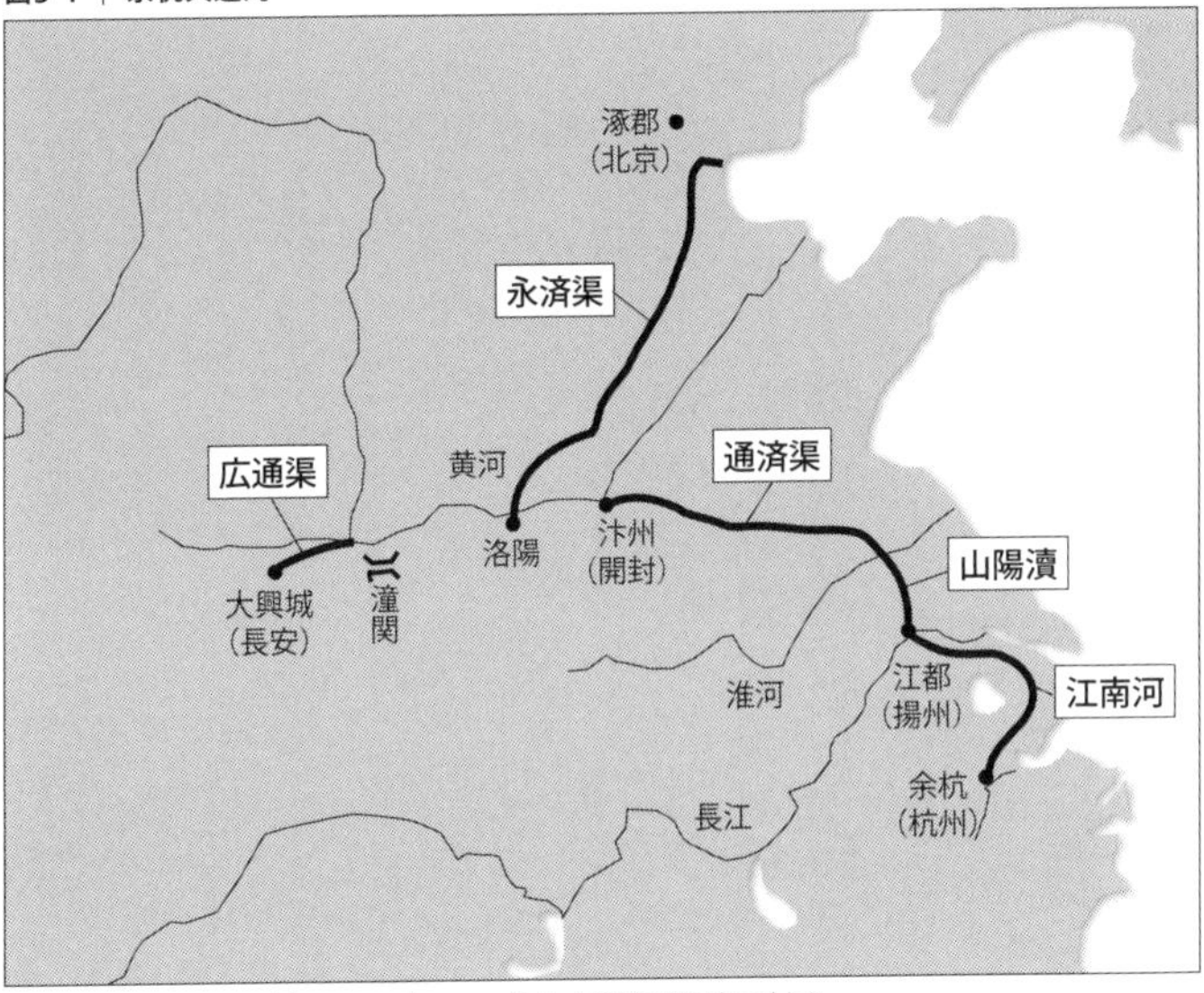

出典：https://www.y-history.net/appendix/wh0302-007.htmlより。

化しなかったかもしれません。

隋の制度を受け継いだ唐

唐は、６１８年に李淵《りえん》（在位：６１８〜６２６）、李世民《りせいみん》（在位：６２６〜６４９）親子によって建国されました。唐は、政治システム、経済システムともに、隋が準備したものをそのまま利用することができました。考えてみれば、かなり楽に建国ができたといえるでしょう。唐はまた、遊牧民族であるウイグルの支援を受けて建国されました。

しかも、魏晋南北朝や、とくに隋と同様、唐は律令制を採用しました。すなわち、「土地と人民は皇帝の支配に服属する」ということになったのです。税制としては租調庸制と均田制を、兵制としては府兵制を採用しました。そして、官吏登用制度として、隋と同じく科挙制度を採用したのです。唐が、どれほどそれ以前の国家が形成した制度の恩恵を受けていたのかが、ここからわかります。

当時の世界的基準からすると、唐はかなりの中央集権国家だったと思われます。

さらに唐は、隋が建設した大運河を利用し、華北と華南の経済圏を統合することに成功しました。そのため、大運河沿いに位置する汴州《べんしゅう》（開封）の地位が上昇していくことになりました。華南の経済が進展していったのを、うまく利用することができたのです。

唐の都である長安は百万都市ともいわれ、当時のユーラシア大陸で最大級の都市でした。この都市には多くの外国人が訪れ、国際都市へと成長したことはよく知られます。

貞観の治

周知のように、李世民（太宗）の治世は、貞観《じょうがん》の治《ち》と呼ばれる太平の世でした。太宗は、隋代の混乱によって残っていた勢力を打ち破り、さらに突厥を破りました。さらに640年には西域の高昌国を滅亡させて、この地を西域交易の重要拠点とします。

太宗は、隋末の混乱以降も残っていた各地の勢力を次々と撃破して、領土の統一を完成しました。さらに突厥、西域諸国などを服属させ、唐王朝繁栄の基礎を築きます。そればかりか、太宗はまた、貞観律令の制定など、安定した政治をおこないました。

唐は、隋の律令制度を受け継ぎ、均田制、租調庸制、府兵制を基礎とする中央集権体制を整備しました。さらに科挙による官吏登用制を実施し、三省六部・州県制の官僚政治を発達させました。これにより皇帝の恣意的な政策決定が排除され、貴族合議制による責任の分担によって政治的決定がなされたのです。貞観の治の背景には、隋代の運河建設による中国経済の一体化がありました。つまり、唐の繁栄は、隋がつくったインフラの上に築かれたのです。

武韋の禍

貞観の治と呼ばれる太平の世を実現した太宗が亡くなり、そのあとを継いだのは高宗（在位：649〜683）でした。高宗の治世下に、唐の領土はさらに拡大します。660年には、朝鮮半島で新羅と結んで百済を滅ぼし、663年には白村江の戦いで日本軍を破りました。しかも668年には、新羅と結んで高句麗を滅ぼします。だが、その後の新羅との戦争では敗北し、唐は朝鮮半島から撤退することになりました。

中央アジアにおいては、西突厥を滅ぼします。東南アジアでは、ベトナムにまで進出しました。これらの遠征によって、高宗の時代に唐王朝の版図は最大領域に達することになったのです。

しかし、高宗の治世は大きなマイナスをもたらしました。655年に高宗の皇后となった武則天が664年から政治の実権を握ったからです。武則天は690年には国号を周と改め、自らを聖神皇帝と称し、春秋時代の周を理想とする完全な復古王政をおこない、大きな混乱を生じさせました。これを、武韋《ぶい》の禍《か》といいます。

開元の治

武則天の死後、政乱が生じ、それを平定したのは玄宗（在位：712〜756）でした。玄宗の治世は、開元の治といわれる太平の世でした。開元律令を制定するなど、律令制度の整備に努めます。また、科挙出身の有能な官吏によって、民政安定策が推進されました。

しかし、楊貴妃を寵愛したことをきっかけとして、楊貴妃の親族が政治の実権を握るようになり、世の中は乱れます。755年には、節度使（各地方の防衛をするために置かれた役職）の安禄山によって安史の乱が生じました。この乱は、ウイグルの支援をえて、763年に唐が勝利を握ることになりました。

安史の乱の背景にあったのは、府兵制による軍事体制が崩れ募兵制という傭兵制度に切り替えられたために、各地の節度使に軍事指揮権がゆだねられてしまっていたという事実です。唐代には、貞観の治と開元の治という二つの偉大な統治期間がありました。だが、その内実はかなり違っていたのです。それは、前者は唐の発展期を、後者はやがて唐が衰退する時代を体現しているからです。すなわち開元の治は、唐の統治システムが崩壊する寸前の時代の栄華だったと考えられます。

安史の乱後、唐の滅亡まで

安史の乱後、780年に租調庸制を廃止して両税法（夏と秋の両収穫期に資産評価額に応じて徴税）に改め、塩専売制によって財政を維持するようになりました。唐が安史の乱から1世紀以上にわたり存続できた理由は、政府が華南の穀倉地帯をおさえ、また両税法・塩専売制により、富を国家が独占するシステムを維持できたからだと考えられます。

しかし、安史の乱のために各地の節度使が自立して藩鎮といわれるようになり、中央の朝廷の力は弱体化してしまいました。安史の乱で唐を支援したウイグルが唐の北西部で強大となり、唐は西域の支配権を失うなどして、唐を中心とした国際秩序は次第に失われていったのです。

875〜884年には、塩の密売人である王仙芝と黄巣が、その秘密結社の組織力を生かして反乱を起こしました。彼らは塩の密売によって利益をえていたところ、政府が密売摘発を強化したことに反発し、反乱を起こしたのです。この反乱を、黄巣の乱といいます。黄巣の乱は、朱温（朱全忠）によって鎮圧されました。

これ以降、唐は混乱し、907年に朱全忠が滅ぼすことになりました。こう考えるなら、唐の治世の半分は混乱に満ちていたことになります。唐が長続きした理由は、おそらくその経済力の強さにあったと考えるべきでしょう。すなわち、江南地方が開発され、華南の経済力が上昇し、京杭大運河を利用して、華南の物資が華北に送られたからです。

ユーラシア大陸最大の国家

唐の都である長安はその人口の多さから百万都市ともいわれ、当時のユーラシア大陸では、バグダードとともに最大級の都市でした。長安には多くの外国人が訪れ、国際都市へと成長していきました。タクラマカン砂漠を旅してきた西方の商人である、イラン人、トルコ人、ソグド人、さらには極東の島国である日本からも遣唐使がきたばかりか、インドネシアや朝鮮半島からも長安を訪れる人たちがいました。

それは明らかに、長安がユーラシア世界の文化的中心の一つだったからです。たとえば日本人の阿倍仲麻呂（698〜770）は、安南都護となりました。これは、唐の官吏登用制度が外国人にも開かれていたことを意味しています。それは、唐が鮮卑系であったことと関係しているかもしれません。

このように、唐は単に日本の隣国だっただけではなく、ユーラシア有数の開かれた広大な帝国であり、そのため日本は、遣唐使によってアジアの大帝国から最新の情報をえていたのです。唐はシルクロードを使い、西域との取引をおこないました。そこで大きな活躍をしたのは、ソグド人でした。タクラマカン砂漠の南側や北側の中道沿いの都市には、イラン人が居住していましたが、南北朝後期の頃から、ソグド人が目立ちはじめます。彼らは商人であり、また役人であり、そして傭兵や武将として活躍しました。彼らは、唐と西域の貿易にとって欠くことができない役割を果たしました。

また、すでに述べたように、南北朝時代に仏教が盛んになり、唐代になると、玄奘《げんじょう》が仏典を求め、インドまで出かけました。それればかりか、唐代初期にはゾロアスター教（祆教《けんきょう》）、キリスト教のネストリウス派（景教）、マニ教が伝えられました。8世紀になると、イスラーム教も伝わったものと思われます。これらは、シルクロードを経由して中国に流入したのです。

日本との関係

隋は、589年に中国を統一してから618年に滅ぶまで、30年にも満たない王朝でした。しかし、日本から中国への初めての使者である遣隋使が派遣されるなど、日本と大きな関係があった国でもありました。

日本は、隋との国交を結ぶために、まず使節を派遣します。聖徳太子が最初の遣隋使を小野妹子を使者として607年に派遣し、そのときの国書に、「日出ずる処の天子、書を日没する処の天子に致す」と書かれていたため、煬帝を立腹させたといわれます。ただし、この文言の意味については、諸説あります。

しかし、たとえどのような文言を用いたとしても、日本が隋と対等な国力や文化水準であったはずはなく、日本は中国から統治システムや文化など多くのことを学んだことは間違いのない事実です。それ以降、江戸時代に国学が盛んになるまで、日本は中国文化の圧倒的優位を認めざるをえない立場におかれたのです。

中国で隋が滅び、618年に唐に代わっても、日本の中国への使節「遣唐使」は送られ続けました。しかし、遣唐使は、894年に廃止され、その後の日本では、同じような制度は見られなくなります。日本は、唐代以降は中国を中心とする国家システムを完全に学習したので、中国へ使節を送る必要性が減ったことがあげられます。

中国から多くのことを学んだ日本は、「土地と人民は皇帝の支配に服属する」という思想にもとづいた律令制を採用しました。

さらに、この頃の中国仏教が日本の仏教をつくりました。日本の仏教は、遣唐使の一員として中国に渡った最澄（766／767～822）が伝えた天台宗と、空海（774～835）が伝えた真言宗がもとになっているからです。また、現在の日本に伝えられた仏典も、玄奘がサンスクリット語などインドの原語から漢訳したものがもとになっています。

玄奘は、太宗の時代に、インドに赴き、仏典を持ち帰り、サンスクリット語から漢文に訳しました。それは、貞観の治の成果の一つでした。

長期的に見れば、貞観の治によって、日本の仏教受容は大きく進みました。比叡山延暦寺も高野山のいくつもの寺院も、李世民がいなければ存在しなかったのです。

唐はまた、西域との関係を強化しました。匈奴を打ち破り、アッバース朝との取引をしました。陸上ルートでは陸のシルクロード、海上ルートでは海のシルクロードを利用しています。陸のシルクロードではソグド人が、海のシルクロードではおそらくイスラーム商人が、江南の揚州にまでやってきました。彼らはアラビア商人、ないしペルシア商人でした。

唐の国際性は、ここに述べた事実を把握しなければ理解できません。杜甫や李白、白居易の詩も、このような状況において詠まれたと考えるべきでしょう。

また、われわれは、遣隋使や遣唐使を、日本との関係のなかだけで考える傾向にあります。だが、彼らは、中国から見るなら、あくまでたくさんいる異邦人の一部にすぎなかったことを、理解しておかなければなりません。

唐代の中国は、紛れもない国際的国家で、都の長安は国際都市であり国際商業の要所でもありました。日本人が唐代に中国の文化を必死になって学ぼうとしたのは、中国に、世界の主要な文化のかなりの部分があったからではないでしょうか。空海や最澄は、唐で仏教を学びました。しかしそれは、玄奘がナーランダー僧院で仏教を真剣に学び、その成果を唐に持って帰ったからです。

日本人は、知らぬ間に、アッバース朝から唐に至る大きな商業圏・文化圏に組み込まれることになったのです。

メロヴィング朝

476年にローマ帝国が滅んだ頃、ヨーロッパではいくつものゲルマン民族が活動していました。そのなかで台頭してきたのは、フランク族でした。

ライン川東岸にいたゲルマン人の一派のフランク族は、5世紀に北ガリアに侵入しました。フランク族はサリ族とリブアリ族という支族に分かれていました。481年、フランク族のなかのサリ族に属するメロヴィング家のクローヴィス（在位：481〜511）がフランク族の各部族を統一し、ガリア（後のフランス）北部にフランク王国を建国しました。ここから、751年まで、フランク王国ではメロヴィング朝の支配が続きます。

メロヴィング朝を創始したクローヴィスは、486年、ガリアからローマ人を最終的に追い出して、北ガリアの統一に成功しました。さらに496年には、多くのゲルマン諸部族が信仰していたアリウス派（父なる神とイエスは同質だと主張し、325年のニケーア公会議で異端とされた）ではなく、正統派のアタナシウス派を信仰することにしました。それ以前には古ゲルマン以来の多神教的な世界に住んでいたのが、信仰をまったく変えたのです。これを、クローヴィスの改宗といいます。

これは、ヨーロッパ史、ひいては世界史上重要な意味をもっていました。クローヴィス、そしてフランク王国はカトリック教会による宗教的なバックアップを必要とし、そしてローマ教会は、フランク王国の軍事力を後ろ盾とすることができたのです。

クローヴィスの改宗によって、フランク王国とローマ教会の紐帯《ちゅうたい》ができ、さらにそれが強化され、ローマ教会は西欧に確固とした足場をもつローマ・カトリック教会へと成長することが可能になったのです。それはまた、ローマとコンスタンティノープルの教会が分離するきっかけの一つとなったことでしょう。

現実に、フランク族がどの程度カトリックの教義を理解していたのかは、かなり疑問です。実際、フランク王国では、まだ国王の一夫多妻制は当たり前だったからです。おそらくローマ教会も、それを見逃していたと考えるのが妥当でしょう。しかしクローヴィスの改宗により、ヨーロッパの特徴である、ゲルマン文化、古典古代、キリスト教が結びつくきっかけがつくられました。しかし、あくまで「きっかけ」であり、その実現にはかなりの期間を要することになりました。

フランク王国の国家形態は部族連合であったために王の支配権は現実には弱く、王家もゲルマン人社会の規則である分割相続制をとったために、6世紀中頃には、東北部、中西部、南部、東部の四つがそれぞれに国王をたてて争うようになっていました。

そのなかから、宮宰となったカロリング家が、王に代わって実権を握るようになっただけではなく、三王国の宮宰を独占するようになりました。

宮宰のカール・マルテルは、732年、トゥール・ポワティエ間の戦いでウマイヤ朝のイスラーム軍を撃破し、後代、ヨーロッパのキリスト教社会を守ったと高く評価されるようになったのです。

カール・マルテルの子のピピンは、７５１年、メロヴィング朝の王を追放し、自分自身がフランク王国の王位につき、カロリング朝を創始しました。

カロリング朝

メロヴィング朝とカロリング朝の大きな違いは、前者がはじまった頃にはまだヨーロッパ人による地中海世界が成立していたのに対し、イスラーム勢力が７世紀に地中海に進出したために、後者では崩壊していたということです。地中海の北側と南側とでは、明らかに違う世界となったのです。すなわち、北側はキリスト教圏、南側はイスラーム圏へと分岐したのです。

加えて、イスラーム勢力が地中海に侵入したことで、ローマとコンスタンティノープルが分離されるようになりました。地中海の一体性がなくなった以上、ヨーロッパが西と東に分離し、それとともにヨーロッパで二つのキリスト教圏が成立するきっかけをつくったと考えられます。

７５１年、ピピンが国王になった年に、ランゴバルド人が北イタリアに侵入しました。そしてビザンツ帝国の総督府のあったラヴェンナを占領します。総督府は撤退し、ビザンツ帝国の北イタリア支配の拠点が失われることになったばかりか、ローマ教会にも保護者がいなくなったことにもなるのです。

754年になると、ローマ教皇ステファヌス2世が、カロリング朝フランク王国を承認します。その背景には、おそらく、フランク王国にローマ教会の新たな保護者になってもらいたいという気持ちがあったことでしょう。

それに対しピピンは、北イタリアに遠征して、ローマ教会を圧迫していたランゴバルド王国からラヴェンナ地方を奪取しました。そして756年、ローマ教皇に寄進しました。これを、ピピンの寄進といいます。これが、ローマ教皇領のはじまりです。

ローマ・カトリック教会の政治的・社会的基盤がこれにより安定したとともに、カロリング朝フランク王国が保護者として結びついたことを明確にしたのです。ヨーロッパの東西の教会の関係は、ますます対立の様相を強めることになります。

カール1世

カロリング朝でもっとも有名かつ重要な国王は、カール1世（在位：768〜814）であることはいうまでもありません。カール1世は768年に弟のカールマンと共同統治を開始しましたが、771年にカールマンが亡くなると、単独で統治するようになりました。

カール1世は、次々と領土を獲得していきます。アルプスを越えてイタリアに攻め込み、

者となりました。774年には、北イタリアを併合します。また、ランゴバルド王となり、ローマ教皇領の保護

ドイツでは、ザクセン人、バイエルンなどを降伏させます。また、アジア系のアヴァール人を討ち、アヴァール人はみるみるうちに衰退しました。

イベリア半島ではイスラームと戦い、スペイン辺境伯を設置し、その領土は現在のバルセロナにまで広がります。

このように、カール1世はフランク王国の支配地域を大きく拡大し、現在の西欧にほぼ匹敵するまでになりました（図5−2）。

カール1世は、ヨーロッパ中世の他の諸王と同様、一カ所に定住することなく、所領を巡回しました。ここから判断できるように、中国と比較するなら、中央集権化していない国家だったといえるでしょう。

実際、カール1世は、地方の豪族を伯（コムス）に任命して行政を任せ、それを監督する役職として巡察使を派遣するにとどめました。

カール1世自身は文字が読めなかったのですが、ラテン文芸に関する関心は強く、イギリスからアルクィンらの学者、知識人、修道士らを、アーヘンの宮廷に招きました。それは、カロリング・ルネサンスと呼ばれる文化運動となりました。

図5-2｜カール1世時代のフランク王国

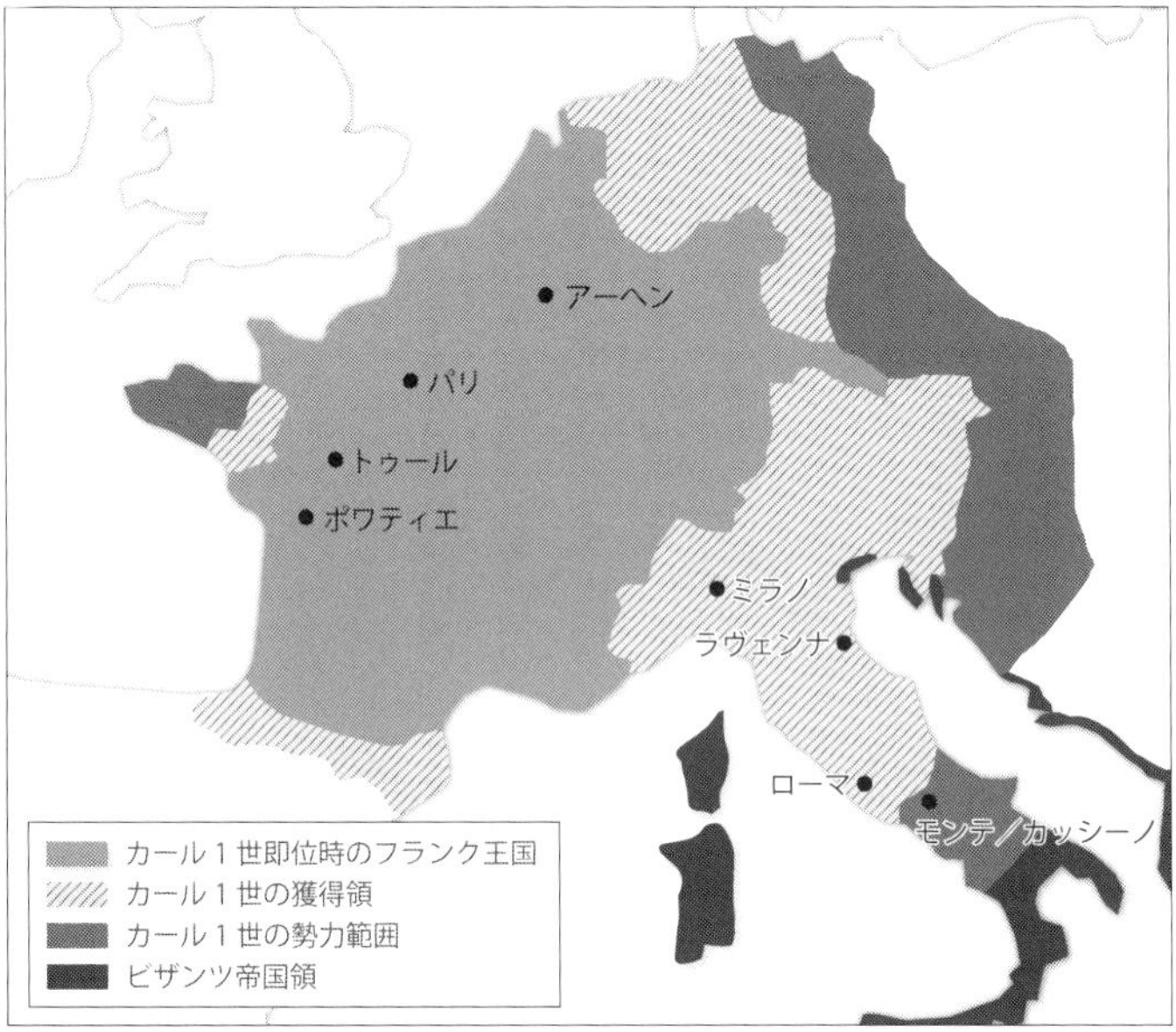

出典：Wikimedia Commonsより。

カール1世は、800年、ローマ教皇レオ3世からローマ帝国皇帝の冠を授けられました。これは、カールの戴冠と呼ばれます。これにより、カール1世はローマ帝国の後継者であるとともにキリスト教世界の守護者となったばかりか、それらとゲルマンの封建社会を結びつけ、「ヨーロッパ世界」を現実のものとしたのです。そのためもあり、カール1世は、「カール大帝」と称されるのです。

カール1世の死後

カール1世は、814年に亡く

なりました。その子ルートヴィヒ（ルイ）1世（敬虔王）は、カール1世の三男でしたが、唯一生存していた男子でした。フランク王国の相続は分割相続であり、そのため領土が切り刻まれてしまうこともあったのですが、このときは父の領土が息子にスムーズに受け継がれました。「敬虔王」といわれているにもかかわらず、実際には信仰心は薄かったようです。

840年にルートヴィヒ1世が亡くなると、息子たちのあいだで分割相続が主張され、843年、ヴェルダン条約が結ばれました。この条約により、フランク王国は、中フランク、東フランク、西フランクに三分され、それぞれロタール1世、ルートヴィヒ、シャルル（禿頭王）が継承することになりました。

870年にはメルセン条約が結ばれます。ルートヴィヒとシャルルはその領土を二人で分割し、それを東フランク王国、西フランク王国に編入し、残ったところをイタリア王国としました。これらはそれぞれ、のちのドイツ・フランス・イタリアの原型となりました。

三国ともに、当初はカロリング家の王が続いたのですが、まず875年にイタリア王国で、911年には東フランク王国で、そして987年には西フランク王国で、カロリング朝が断絶します。そして誕生した新しい王朝は、それぞれ、長い時間をへて、国民国家へと変貌していったのです。

フランク王国の分裂は、ヴァイキングに侵攻の絶好の機会を与えました。スカンディナヴィア半島から、ヴァイキングが押し寄せます。北フランスのノルマンディーにヴァイキングが上陸し、９１１年に指導者のロロが西フランク王からノルマンディー公と認められたことは、それを示す一例です。

中国と比較するなら、西欧は明らかに中央集権化が進まず、国家が経済に介入し、経済成長を図るというシステムは機能していませんでした。西欧が中国よりも経済が成長しなかったと思われるのは、それが理由でしょう。

しかし、西欧を統一しようという動きも生じます。それが、９６２年の神聖ローマ帝国の誕生だったのです。

第6章 宋・元代の中国と神聖ローマ帝国から商業の復活期のヨーロッパ

宋の経済成長

唐の滅亡後、華北では五つの王朝——後梁・後唐・後晋・後漢・後周——が、華中・華南では、十国が目まぐるしく交替しました。その混乱を収めたのは、趙匡胤《ちょうきょういん》（宋の太祖　在位：960〜976）であり、960年に宋（北宋）を建国したのです。

趙匡胤は、五代十国の混乱に終止符を打ち、漢民族による統一的な支配を回復させることに成功します。科挙の最終試験として殿試を採用し、官僚制を整備しました。そして、武断的な政治を改めて文治主義を進め、皇帝専制体制を築き上げたのです。宋（北宋）は北方民族に囲まれた、軍事的には脆弱な国家でした。とくに、北側から迫る遼が、その後には金が、宋（北宋）の大きな脅威となったのです。

しかし、宋（北宋）の時代は、世界史上目覚しいほどに経済が成長した時代でもありました。宋代の中国では、商品経済が確立し、資源の開発と技術の革新が進みました。そのため、流通経済が発展しました。宋銭（銅銭）が鋳造され、国内のみならず海外でも流通します。アジアでもっとも使われる通貨となったのです。

経済が成長したため、銅銭だけでは足りず、紙幣として、交子《こうし》が流通するようになりました。首都の開封は商業流通の中心になり、さらに、地方には商業都市である草市・鎮が生まれ、商工業者はそれぞれ行・作という同業者組合を結成したのです。

税制としては、均田制・租調庸制に代わり、唐の時代に導入された両税法がとくに重要になりました。これは、商業の発展にともなって課されるようになった税でした。銭納であり、商人は資産に応じて徴収されることになりました。

さらに、宋代には専売制度が発展し、それに含まれる商品は、塩・茶・酒・染色用の明礬《みょうばん》・外国産の香や薬物でした。これらのなかで、高い利益があったのが、塩・酒でした。

塩は生活必需品であるのでその税収は高く、酒は都市人口が増加し、生活水準が上昇したために消費量が増えました。宋代には茶はほとんどの人々の必需品となったため、専売制は、一種の消費税になっていたと考えられます。

君主独裁制の確立

唐末から五代にかけて、節度使による武断政治がおこなわれていましたが、宋はそれをやめ、皇帝独裁体制のもとで文治主義に転換したのです。すなわち、本来軍事上の官職にすぎなかった者が軍事力を背景として政治的権力を握っていたのが、軍事権力を皇帝に直属する文官の枢密院に付与し、文官による国家統治をするようになったのです。

尚書省・中書省・門下省からなる三省の構造を転換し、中書省と門下省を合体し、中書門下省を設けました。皇帝権力を支える官僚を獲得するために科挙を整備し、最終試験として皇帝の面接である殿試を設けました。皇帝が、官吏を決めるのです。

そのうえ、皇帝直属の近衛兵として、禁軍が設けられました。しかし、官僚制の整備には巨額の経費、とくに人件費がかかり、それが宋の財政を圧迫させることにつながりました。

宋代には、大土地所有者である形勢戸《けいせいこ》といわれる人たちが有力になりました。彼らは私有地を小作人の佃戸《でんこ》に耕作させ、地代をとりました。形勢戸のなかから、科挙の合格者で官吏となる者も多く、このように官吏となり、徭役の免除になった戸を官戸といいます。また知識人としては文化の担い手となり、士大夫と呼ばれました。

契丹と宋（北宋）

契丹《きったん》は、中国の興安嶺東部のシラムレン川流域で遊牧をしていた遊牧狩猟民族でした。北モンゴルでは840年にウイグルが崩壊してから、モンゴル高原全体を支配するような大勢力は存在していませんでしたが、契丹はそのようななかで台頭した民族でした。

契丹は八つの部族に分かれていましたが、その一つの族長である耶律阿保機《やりつあぼき》が八部族を統一

図6-1 ｜ 宋代の中国

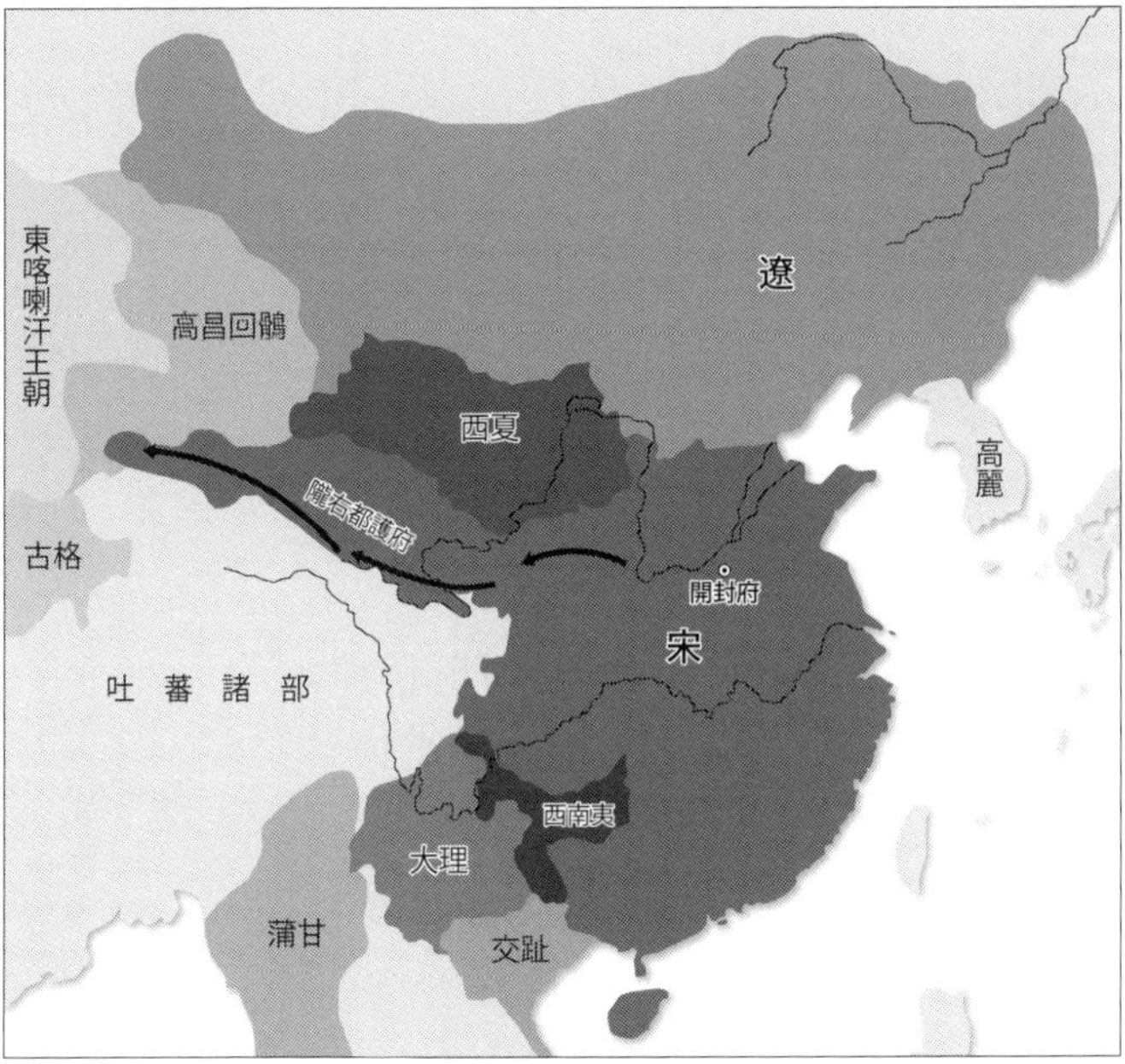

出典：Wikimedia Commonsをもとに作成。

し、９１６年に契丹国を建国することになります。契丹国は、唐の滅亡と五代十国による混乱から逃れてきた漢人を受け入れて、強大になりました。９２６年には渤海を滅ぼし、さらに南下して中国の領土を脅かすようになったのです。９３６年には後晋の建国を支援し、その見返りとして燕雲十六州を割譲され、中国の農耕地域をも支配するようになりました。９４６年には後晋を滅ぼして中国の華北を支配し、翌９４７年には国号を中国風の遼と改称しました。

　宋が９７９年に中国全土を統

一すると、遼と直接国境を接するようになり、戦争状態に至ります。1004年に結ばれた澶《せん》淵《えん》の盟で、国境の現状維持、宋が兄、遼が弟であり、宋から遼に対して年間絹20万匹・銀10万両を歳幣として贈ることなどが決められ、それは、宋にとって財政上大きな負担となりました。

王安石による改革

宋の第6代皇帝の神宗（在位：1067〜1085）は、契丹に対抗するために軍事費、贈り物の出費のため、財政改革が不可欠だと認識していました。このときに白羽の矢を立てられたのが、王安石（1021〜1086）でした。神宗は強く仕官を求め、王安石もそれに応えて改革にあたることになり、世にいう王安石の改革がおこなわれます。

王安石の改革は、1070年にはじまり、彼が打ち出した政策は「新法」と呼ばれました。その目的は、財政の安定と富国強兵にありました。前者を達成するために、青苗法・均輸法・市易法・募役法が、後者を達成するために保甲法・保馬法が導入されました。新法が施行されると、各地で水利工事がおこなわれ、農業生産は増加し、租税収入も増収となって財政は安定に向かい、軍備も増強されました。

しかし王安石に反対する勢力も大きく、彼らは王安石の新法党に対して旧法党と呼ばれ、その中心人物として司馬光がいました。1085年に神宗が亡くなると、王安石は有力な保護者を欠くことになり、改革は失敗することになったのです。

金と宋（北宋）

満州の女真族は契丹に服属していましたが、完顔部《ワンヤン》の阿骨打《アクダ》が反乱を起こし、1115年に即位、金を建国します。金は次第に強大化したため、宋（北宋）は金と同盟し、1125年には遼を滅ぼします。すると金は今度は宋（北宋）を攻撃し、1127年には宋（北宋）の都の開封を占領し、宋の上皇の徽《き》宗・皇帝の欽《きん》宗などを捕らえ、拉致しました。これによって宋（北宋）は滅び、難を逃れた欽宗の弟の高宗が南方に逃れて南宋を建てました（靖康の変）。

1141年に南宋と金は紹興の和議を結び、南宋皇帝は金から冊封される地位とされ、毎年銀25万両と絹25万匹を金に歳貢として献じることとなりました。このように、南宋にとっては屈辱的な和議を結ばされたのです。

図6-2 ｜ モンゴル帝国地図

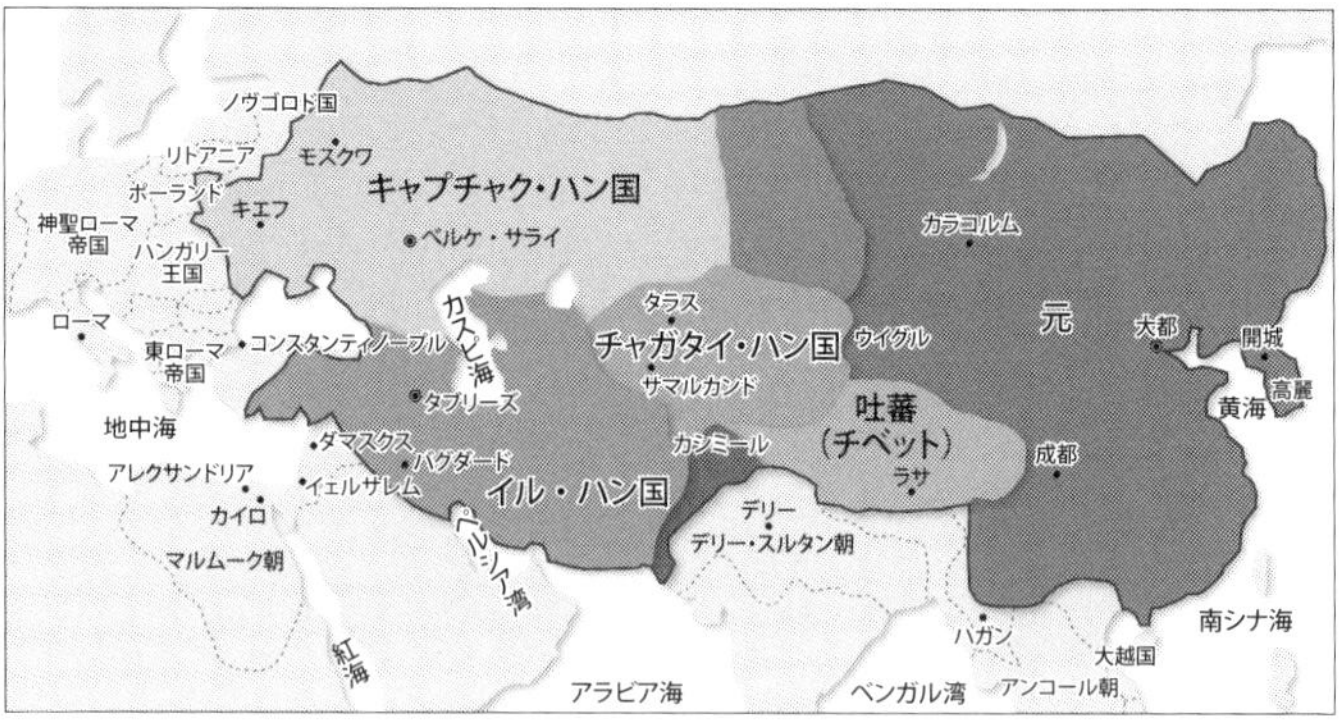

出典：https://sekainorekisi.com/glossary/モンゴル帝国/をもとに作成。

モンゴル帝国の建国

モンゴル帝国がチンギス・カンによって建国されたのは、1206年のことでした。その後モンゴル帝国は急速に拡大し、ユーラシア大陸の中央部に位置する大帝国になったのです。それは、戦争で勝利を重ねたことによって達成されたのです。

モンゴル帝国は40年以上にわたる抗争のあと、14世紀初頭には、キプチャク、チャガタイ、イルの三ハン国に分割されました（かつては、オゴタイ・ハン国もハン国のなかに入れられていたのですが、第4代ハンのモンケ・ハンによってオゴタイ家の勢力は一掃されたので、オゴタイ・ハン国も存在しなかったとされています）。これらの諸国が大ハーン（元の皇帝）の権威下に緩やかに連合するようになりました。こうすることで、帝国が全体の統治を受け持つシステムが完成しました。

金と南宋の滅亡

金にとって、急速に勢力を伸ばしつつあったモンゴル帝国は脅威の的になりました。1211年、金に対するモンゴル帝国の攻撃が開始されました。二度にわたる戦争の結果、オゴタイ・ハンが派遣したモンゴル軍の攻撃によって、金は1234年に滅亡しました。

1141年に金とのあいだで紹興の和議を結んだ南宋は、江南の開発に努めました。囲田《いでん》（干拓した耕作地）・圩田《うでん》（新しく開発された水利田）などにより耕地を広げたのです。また、占城稲《せんじょうとう》（11世紀初め中国の江蘇、浙江を中心とする地域に導入されたベトナムのチャンパ原産のイネ）の伝来によって農業生産力が高まり、さらに茶や甘蔗《かんしょ》などの農作物の栽培が広がりました。中国の人々の食卓はそのため豊かになり、生活水準が上昇したのです。

農業生産力が上昇したことは、他産業の成長にも影響をもたらし、景徳鎮の陶磁器、絹織物、製紙業、木版印刷などが盛んになりました。経済が発展した結果、紙幣として交子に代わって会子《かいし》が流通するようになったばかりか、遠隔地との取引も盛んになりました。

しかし南宋は、軍事的にはモンゴル帝国と堂々と戦えるほど強力ではありませんでした。1234年にモンゴル軍によって金が滅ぼされると、モンゴル軍の脅威はさらに大きくなりました。

北宋も南宋も、経済を大きく発展させたことは確実です。しかし、北方民族に対抗するための戦費は、決して十分ではなかったのです。

駅伝制による経済成長

モンゴル帝国は、たしかに数多くの戦争をしました。内部から反乱があったときには、断固として鎮圧したこともありました。しかし、基本的に帝国内部は平和が維持されていました。この事実に、われわれはもっと関心を向けるべきでしょう。

たとえば、国内の平和を示す証拠として、マルコ・ポーロやフランチェスコ会修道士のルブルックが、首都の大都（現在の北京）で皇帝のフビライに会ったことがあげられます。モンゴル帝国は、中継交易による利益に目を向けました。そのため、通商路の安全を重視し、その整備や治安の確保に努めたのです。さらに、駅伝制を導入することになりました。

また、モンゴル帝国では、安全に移動ができました。中国がどれほど安全であったのかについては、旅行家イブン・バットゥータが、『大旅行記』で、「シナ地方は、［外国の］旅行者のための［治安］状態の点では、［世界諸地方のなかで］最も安全なところである」と書いていることからも、おわかりいただけるものと思います。

タタールの平和と商業発展

1246年、フビライ・ハンは大都を都とし、1271年に国号を元に改めました。その間の1266年には、ハイドゥの乱が生じています。これは、フビライの即位に反対したハイドゥが、不満をもつ人々を集めた大反乱でした。

反乱は、1301年まで続きました。最終的にはハイドゥが率いる大軍が敗北し、その後ハイドゥが死亡したため、この反乱は終わることになりました。

これにより実現したのが、「タタールの平和」です。ユーラシア大陸のかなりの部分が、元の支配によって安定することになり、東西の交流が盛んになり、商業が活発になったのです。

元ではモンゴル人第一主義がとられ、漢人は低い地位に甘んじなければならなかったのは事実です。しかしその一方で、元の統治システムは、かなりの程度それ以前からの中国王朝を受け継ぐものになっていったのです。

始皇帝が開始して漢の武帝が完成させた中央集権化は、元代になってもなお強かったのです。モンゴル帝国は、商業を保護しました。駅伝制を採用しただけではなく、それまでの王朝と同様、海上交易を発展させようと努力したのです。ここから考えるなら、元の商業政策は、それまでの王朝ときわめて似ていたといえるのです。

黒死病流行とモンゴル帝国

モンゴル帝国によって、東西交流の活性化がもたらされました。そのため、ヨーロッパで黒死病（ペスト）が流行しました。14世紀にヨーロッパでは黒死病と呼ばれる伝染病が流行し、人口の三分の一、場合によっては三分の二が死亡したとさえいわれます。

この黒死病は、中央アジアから広がったと考えられています。1347年に黒死病はコンスタンティノープルから地中海各地に広がって、マルセイユ、ヴェネツィアに上陸したのです。1348年にはアヴィニヨン、フィレンツェ、ロンドンに拡大し、翌年には北欧からポーランドに、1351年にはロシアにまで達しました。

もしモンゴル帝国が「タタールの平和」を実現していなかったら、ユーラシア大陸の交易ネットワークの広がりはなく、ヨーロッパにまで黒死病が広まることはなかったかもしれないのです。

元においても、黒死病は流行し、しかも黄河が氾濫し、国力は著しく衰えました。1351年には江南地方に民間宗教の白蓮《びゃくれん》教徒により紅巾の乱が起こり、経済的に発展しつつあった江南に大きな混乱が生じました。それが、元に致命的な打撃の一つとなり、1368年、元は滅んだのです。

神聖ローマ帝国

東フランク王国最初の国王として、919年、ハインリヒ1世（在位：919〜936）が選出され、ザクセン朝の始祖となりました。ハインリヒ1世は、東方からのマジャール人や北方からのノルマン人の侵攻から国土を守ることを要求されました。

ハインリヒ1世はその期待に応え、933年に、マジャール人との戦いに勝利しました。ハインリヒ1世の子でザクセン朝第2代国王となったのがオットー1世（在位：936〜973）です。

オットー1世は有力部族を抑え、外敵の侵入を防止して勢力を東方に拡大すると同時に、国内統一に尽力しました。そして、聖職叙任を通じて教会を支配する帝国教会政策を推進しました。

951年にはイタリア王位継承権があるロターリオ2世の未亡人アデライーデと結婚し、ランゴバルド・イタリア王を名乗ることになりました。

オットー1世は、955年、レヒフェルトの戦いでマジャール人を破り、スラヴ人に対して軍事植民をおこないました。また、征服活動と共にキリスト教も布教しました。ドイツではこのように、皇帝が積極的に征服活動と布教活動を同時におこなっていたのです。

961年にはローマに遠征し、北イタリアで教皇領を脅かしていたベレンガリオ2世を倒します。イタリア王の継承権があったオットー1世は、962年、教皇ヨハネス12世から「皇帝」の称号と冠をうけました。この戴冠によって、オットー1世は初代の神聖ローマ帝国皇帝となったのです。

しかし、神聖ローマ帝国は、宋王朝と比較するなら、中央集権化の程度が低く、国家が経済活動に介入して経済を成長させるということはありえない帝国であったといわざるをえません。ヨーロッパは、明らかに中国よりも低い経済水準を余儀なくされたのです。

ドイツの帝国教会政策

オットー1世は、国内の有力諸侯を抑えるために、ローマ・カトリック教会を利用しました。またそれにとどまらず、帝国内の教会は皇帝の保護を受け、皇帝に服属するものだという方針を掲げました。

そのためオットー1世は、司教以下の聖職者に自分の一族を任命します。聖職者は帝国の官僚としても活動し、そして教区内の農民は皇帝軍の兵士として徴用されました。こうしたオットー1世の政策は、帝国教会政策といわれます。

オットー1世の目的は、教会を支配することで諸侯の力を抑えて、自分自身＝皇帝の権力を強めることにあったと考えられます。しかしそれでもなお、官僚機構が発展した中国の皇帝ほどには、強大な権力をもつことはなかったのです。

商業の復活について

7世紀にイスラーム勢力が地中海に進出したために、地中海世界はヨーロッパ人のものではなくなりました。これに関連してまず取り上げるべき有名な学説として、ベルギーの歴史家アンリ・ピレンヌの、「商業の復活」と呼ばれる事象があります。

ピレンヌによれば、イスラーム勢力の地中海進出によって、ヨーロッパの商業活動は大きく衰え、ヨーロッパは農業中心の社会になり、遠隔地との取引はほとんど姿を消してしまいます。ところが11〜12世紀になると、イスラーム勢力が徐々に地中海から退いていき、北海やバルト海では、ヴァイキングによる略奪が終焉を迎え、北海・バルト海に平和が訪れることになりました。

農業面では、もともとの二圃式農業（小麦の冬作と休閑を繰り返す農法）に取って代わり、春耕地・秋耕地・休耕地に分けて三年周期で輪作をする三圃制農業が普及し、農業生産力が向上することになりました。

しかも、イスラームの侵入によって衰えていた地中海交易が息を吹き返します。たとえば北イタリアのヴェネツィアやジェノヴァなどの商人がレヴァント（東方）交易をし、香辛料などをヨーロッパにもたらすようになったことがその一例です。しかも、北イタリア商人は、フランドルを中心とする北ヨーロッパの諸都市との交易も開始します。

イタリアと北ヨーロッパを結ぶ内陸交通路が発達し、それに加えてフランス北東部でシャンパーニュ大市が開かれるなど、内陸諸都市が発展し、イスラームの侵入によって絶えていたヨーロッパの貨幣経済が活発になりました。そのために商業が復活し、それに付随し、都市人口が増加し、都市も復活したのです。ヨーロッパは、都市的な社会になったのです。

ピレンヌの学説の再検討

さて、このようなピレンヌの学説は、どのように考えてみるべきなのでしょうか。全体としては、この説については、否定的な見方が一般的であるといえるでしょう。

まず地中海が完全にイスラームの海になり、ヨーロッパ商人が追い出されたという見方は支持できません。現実には、キリスト教徒とムスリムが交易をすることもあったのです。

また、ヴァイキングの商人としての役割を低く評価しているのも問題点です。ヴァイキングは、ピレンヌの存命中には単なる略奪者のイメージしかなかったのかもしれませんが、現在では、ロシアからイギリスに至る広大な商業ネットワークを有する商人でもあったことが明らかになっています。ヴァイキングは、偉大な商人でもあったのです。

さらに考古学的発掘により、ヴァイキングが建設したさまざまな都市的遺跡が発掘されています。ストックホルムの西方約29キロメートルに位置するビュルケ島のビルカ、ユトランド半島の付け根のところにあるヘゼビュー（ハイタブ）、イギリスのヨーク、アイリッシュ海のダブリン、フランスのルアンなどが、都市的集落として知られています。言い換えるなら、それらは交易拠点であったのです。

スウェーデン・ヴァイキングは、イスラーム王朝のサーマーン朝と取引をしていました。さらに、ヴァイキングの全盛期には、近東や中央アジアから東欧や北欧に、銀貨が輸出されていました。これらの地域の交易は、ヴォルガ川を使ってなされたと考えられています。

しかも、ヴァイキングは、ビザンツ帝国との交易関係もありました。さらにそれは、黒海からカスピ海にまで商業的につながっていたのです。

商業は、復活したのではなく、ある程度継続していたのです。要するに、商業はより盛んになったというべきでしょう。ピレンヌは、明らかに間違っていたのです。現在の研究状況における問題点は、古代末からポスト・ローマ期（ローマ帝国崩壊以降の時期）にかけて、商業がどの程度の規模であったのかを正確に計測する方法がないということです。

過大評価されるイタリア商業

では次に、イタリア商業について見ていきましょう。

東南アジアのモルッカ諸島でとれる香辛料は、総量は不明ですが、すでに古代ローマ時代に、エジプトのアレクサンドリアをへて、地中海に送られていたことは事実です。ですがおそらくこのルートは、もともとフェニキア人が開拓したものだったと考えられます。

11世紀になってもなおこのルートは使用されており、インド洋から紅海をへて、エジプトのアレクサンドリアに送られ、さらにそこからイタリアに輸送されていました。この香辛料交易で、イタリアは巨額の富を獲得していたとされます。

イタリアが、本格的に香辛料交易を拡大させるのは、14〜15世紀頃のことでした。商業の活性化によりイタリア都市が復活し、その要因の一つにレヴァント交易があったうえに、中世のイタリアの繁栄には香辛料交易があったからだと推測されています。ここで香辛料交易について言及しておきたいと思います。

香辛料が輸送される全ルートのなかで、イタリアが占める小ささが理解していただけるものと思います。イタリアは、ヨーロッパにとっては重要であったかもしれませんが、香辛料のルート全体からみれば、大した役割は果たさなかったといえるでしょう。

香辛料交易で、イタリア商人はたしかに大きな利益を獲得しました。しかし、この交易については、イタリア商人の輸送するルートが、アレクサンドリアからイタリアないし地中海にほぼ限定されていたという事実に目を向けるべきです。

アジアとヨーロッパの交易ルートを結ぶのは、おそらく12世紀頃には、まだ細い糸でしかありませんでした。しかしその細い糸が、やがて太くなり、経済構造に大きな影響をおよぼすようになりました。それがいつからはじまったのか、正確なことはわかりません。しかしそれが、大航海時代以降のことであることは、ほぼ確実です。

ヨーロッパに輸入される香辛料は、一般に香辛料生産量全体の30パーセント程度と推測されています。さらに、アジアの方が人口が多かったことは間違いないのですから、世界全体で見た場合、ヨーロッパ経済は、非常に小さなものでしかなかったのです。われわれは、「ヨーロッパ経済」の小ささにこそ、目を向けるべきなのです。ヨーロッパ経済の重要性がかなり大きなものになるのは、ヨーロッパ諸国が植民地を獲得するようになってからのことだと考えるべきでしょう。

第7章

大航海時代は何を変えたのか——中国からヨーロッパへの転換

朱元璋（洪武帝）による明の建国

明は、1368年、朱元璋《しゅげんしょう》（1328〜1398）によって建国されました。朱元璋は、1351年にはじまる紅巾の乱の混乱を平定し、南京で即位したのです。中国史上初めて、江南に都がおかれました。これは、江南の経済成長を物語ると思われます。年号は洪武とし（年号をとって、諡《おくりな》は洪武帝となりました）、以降、一世一元が採用されました。

明は漢民族の王朝であるため長年にわたるモンゴル色を中国本土から一掃しようとしました。1368年に、明軍は元の都の大都を攻略し、元の勢力をモンゴル高原に後退させます。ただし、彼らの勢力は、北元としてモンゴル高原に依然として残ります。ですが、明は、中国本土のすべてを服属させることに成功したのです。

洪武帝は、行政・軍事・外交など、あらゆる権限が皇帝に集中する皇帝独裁体制を作り上げました。唐代に存在した三省（中書省・尚書省・門下省）はすべてなくなり、六部を皇帝直属とします。中央集権化・皇帝独裁体制の強化は続きました。

六部とは、隋唐においては尚書省に所属し、元代には中書省に属した行政機関の総称であり、吏部（官吏の任免）、戸部（戸口・租税）、礼部（典儀・科挙・外務）、兵部（武官の任免・軍政）、刑部（司法）、工部（公共工事）を意味します。それらが皇帝直属になったことで、皇帝の権力は、それ以前よりもずっと強化されたのです。これと同様の権力を皇帝がもつことは、同時代のヨーロッパでは不可能だったでしょう。

海禁政策と朝貢貿易

1371年になると、明は海禁令を出しました。これ以降、民間の貿易と民間人の海外渡航を禁止する海禁政策が中国の対外・貿易政策の基軸となりました。一般には、この政策で倭寇《わこう》（日本人が中心だったと思われます）を貿易から排除し、国家が貿易を管理し、それによって利益を確保することが目的だったとされます。ここにも、中国の中央政府の権力の強さがあらわれています。

海禁政策は、朝貢貿易とセットになっていました。朝貢貿易とは、各国が中国の皇帝に貢ぎ物を献上し、返礼として皇帝が下賜品を与えるという形態でおこなわれた貿易です。下賜品は、貢物よりも高価であり、中国が他国よりも経済力があるからこそ可能なシステムでした。

朝貢貿易は、冊封体制下の貿易形態として漢代から存在しており、明代に確立することになりました。冊封体制により、皇帝の権威は高められただけではなく、戦争を防ぐ効果もあったのです。

江南にある南京を都としたことは、江南を中心として、紅巾の乱によって荒廃させられた江南経済を、農村を中心として回復させるという洪武帝の意思のあらわれでした。

洪武帝は、1381年に里甲制を採用しました。これは、地域的に隣接する土地所有者110戸ごとに一里を編成し、税役を負担しない戸は畸零戸《きれいこ》として里甲に付され、里内の富戸10戸を里長とし、残りの100戸を甲首戸として一甲10戸の10甲に分け、毎年一里長・10甲首を交替で里甲正役にあて、10年で一周する制度です。国家の税役は、すべて里甲を単位とし、彼らは里甲組織を通じて戸等に応じて割り当てられました。ここでも、国家の権力がヨーロッパと比較して大きかったことが推測されます。

また、里甲制を実施するベースとして、賦役黄冊《ふえきこうさつ》（戸籍兼租税台帳）と魚鱗図冊《ぎょりんずさつ》（戸籍資産台帳）による徴税システムがつくられました。しかし、北のモンゴルと南の倭寇に対する戦費が、明の財政を大きく苦しめることになりました。

永楽帝の治世

洪武帝が亡くなると、1399〜1402年に、帝位継承の争いが起こりました。南京の第2代建文帝に対し、北平（後の北京）の叔父燕王朱棣《しゅてい》が挙兵し、最終的に燕王が勝利し、140

2年に永楽帝（在位：1402〜1424）として即位しました。これを、靖難の役といいます。

永楽帝の治世において、明は全盛期を迎えました。永楽帝は1421年に北京に遷都し、宮殿紫禁城の建造に着手します。そして皇帝の補佐機関として内閣を機務に参与させました。しかし、皇帝の独裁政治は依然として強く、北方のモンゴルに遠征し、南方ではベトナムを支配し、領土を広げたのです。

永楽帝は文化面にも大きな関心をもち、『永楽大典』（大百科事典）、『四書大全』（四書の注釈書）、『五経大全』（五経の注釈書）を編纂させました。『四書大全』と『五経大全』以外のものは、四書五経の解釈としては否定されることになりました。

鄭和の遠征

永楽帝は、宦官でムスリムの鄭和を、アラビア半島やアフリカ東岸にまで船で遠征させるという積極的な対外政策を実施しました。

鄭和の遠征は、主にムスリムが活躍する諸国を回る旅でした。その目的は、中国の文物を売り、代わりに各国の珍しい品を購入してくること、そして諸国に中国に貿易に来るよう勧誘して回ることでした。

しかし、1424年に永楽帝が亡くなると、明はこのような積極的な対外進出をやめ、海禁政策をとるようになります。さらに1436年には、大洋航海用の船舶の建造が中止されてしまいました。

これは海賊禁圧や密貿易禁止を目的とするものではありましたが、これにより他国との海上貿易は、基本的に朝貢貿易にかぎられることになったのです。

江南の経済発展

江南地方では、もともとコメなどの農作物の収穫高が増え、さらに交易量が増加していました。明代には、それに加えて、綿・絹織物業、さらに塩業、陶磁器業などの手工業も発展しました。

新しい商業都市として鎮や市が出現し、商取引のために銀が用いられるようになりました。中国国内では銀はあまり生産されておらず、そのため日本銀が盛んに輸入されるようになります。

また長江下流域の江浙地方は、手工業が発達したため、農民は水田での稲作を止め、畑にして綿花や桑の生産に従事するようになりました。穀物生産の中心地は長江中流域に移り、そのためこの頃から、「湖広熟すれば天下足る」といわれるようになったのです。

商業が発展したのは、江南だけではありません。山西商人や新安商人（徽州《きしゅう》商人）と呼ばれる人々が活躍し、都市に会館・公所を設けます。科挙制度が過剰なまでに発展し、科挙に合格した官僚のなかには、地方に戻って、知識人・地主として地方政治や文化を担った人たちもいました。彼らは、郷紳《きょうしん》と呼ばれました。

明の滅亡

明代には、人々の税金は増えていきました。1448年には、重税に苦しむ農民が福建省で反乱を起こし（鄧茂七《とうもしち》の乱）、明の支配体制は大きく揺らぐことになったのです。

また、北方のモンゴル諸部族は、明にとって大きな脅威でした。洪武帝・永楽帝の時代には積極的なモンゴル遠征政策により、その動きをほぼ封じることに成功していましたが、15世紀になり、永楽帝が亡くなると、モンゴルのなかからオイラトといわれる部族が成長し、エセン・ハンによって北京が攻撃されてしまいました。1449年には明朝の皇帝正統帝がオイラトの捕虜となるという敗北を喫しました。これを、土木の変といいます。

これに加えて、倭寇の脅威はまったくおさまらなかったのです。このように北方のモンゴル人、南方の海岸部での倭寇により、明は大いに苦しめられ、これを、「北虜南倭」といいます。

明代の宮廷では、他の時代以上に宦官政治が横行し、政治は停滞します。隆慶帝《りゅうけいてい》（在位：1567〜1572）により1567年に内閣大学士となった張居正《ちょうきょせい》（1525〜1582）は、隆慶帝と万暦帝《ばんれきてい》（在位：1572〜1620）の時代に、政治の実権を握りました。

張居正は、モンゴルとの和議成立後、チャハル部のトゥメン・ハンや建州右衛を討って北辺の防衛線を安定させました。内政面では大規模な行政整理、出費の削減を実行し、さらに黄河の治水工事、検地の全国的実施などをし、国庫を安定させました。張居正は、さらに海禁政策を停止し民間の交易を認めたため、倭寇の活動そのものを停滞させることに成功しました。

ところが、16世紀末に豊臣秀吉の朝鮮侵攻が起こると、明は宗主国として朝鮮への援軍を派遣しなければならず、それが重い財政的負担となり、明の財政はふたたび悪化することになります。

万暦帝の治世の後半に張居正が亡くなると、宦官の魏忠賢《ぎちゅうけん》（1568〜1627）が政治の実権を握り、それに反対する科挙官僚集団の東林党とのあいだで激しい抗争が繰り広げられました。魏忠賢は東林党に勝ちましたが、崇禎帝《すうていてい》（在位：1627〜1644）が即位すると弾劾されたため、自死してしまいます。

明がこのように混乱する一方で、遼東地方はツングース系の女真を統一したヌルハチが

1616年に後金を建国し、明からの独立を宣言しました。さらに1636年にはホンタイジが国号を中国風の清とし、たびたび北京を脅かすようになりました。

清の攻撃に備えるために、明は軍事のために巨額の出費を余儀なくされました。そのため、重税を課します。重税のために民衆の反発は強まり、各地に反明の農民蜂起が起こるようになりました。その蜂起のなかで、もっとも有力になった李自成が、1644年に首都の北京を占領し、最後の皇帝崇禎帝が自死して、明は滅びます。李自成もまた、明の遺臣呉三桂《ごさんけい》の軍によって40日間ほどで北京を追われ、自死しました。

大航海時代とは？

今から7万～5万年前に、人類は生まれ故郷であるアフリカを出て、世界のさまざまな地域に移動していきました。これは、「出アフリカ」と呼ばれます。

出アフリカとは、人類がおおむね徒歩で世界中に移動した現象です。それに対し15世紀にはじまった大航海時代では、ヨーロッパ人は船により世界中に移動しました。出アフリカにより世界中に広まった人類は、大航海時代にふたたび遭遇することになったのです。

ポルトガル出身のスペインの航海者マゼランをはじめとする一行は、1519～1522年に3年ほどかけて、世界一周航海に成功しました。出アフリカで数万年かけて人類が世界中に行き渡ったことと比較すると、人々の移動スピードは驚異的に速くなりました。

大航海時代から、ヨーロッパ人は、ヨーロッパの船で世界各地に出かけていくようになりました。中世において、香料諸島からエジプトのアレクサンドリアまでアジア人が香辛料を輸送し、イタリア人はそこからヨーロッパ内部で香辛料を流通させました。それに対し喜望峰ルートを開拓したポルトガル人は、ポルトガル船でアジアまで向かい、香辛料をヨーロッパまで輸送したばかりか、日本の長崎でも交易に従事していました。

このように、海運業という観点から見れば、イタリアとポルトガルの差は明らかです。アジアにおける海上ルートでの流通は、ヨーロッパ人の手に委ねられるようになっていきます。海外に進出するヨーロッパ人とそうしないアジア人というコントラストこそ、ヨーロッパが世界の支配者になっていった大きな要因であったことに疑いの余地はないのです。

ヨーロッパ人は、アジアの香辛料、ついで茶をヨーロッパ船で輸入するようになりました。その後、イギリス人は、イギリス製の綿製品を主としてイギリス船で世界中に輸出しました。イギリス船はアヘン戦争後、中国の海上貿易も担うようになり、第二次世界大戦直前に至るまで、アジア域内交易の物流でもっとも活躍していたのです。

世界に進出するヨーロッパとともどまる中国という図式こそ、近代世界の特徴を如実に示すのです。

いうまでもなく、ヨーロッパが、独力で海上ルートによりアジアまで到達できたわけではありません。ヨーロッパ人は、アジア人の交易ネットワークを、だんだんと自分のものに変えていったのです。

しかし、このネットワークが徐々に密度を濃くし、さらに拡大していき、その中心にヨーロッパ、とくにイギリスが位置するようになっていきました。

アフリカの金が欲しかったヨーロッパ人

これまで述べてきたように、ヨーロッパは、とりわけイスラーム勢力によって大きな脅威を何度も受けてきました。ヨーロッパはそれに対し、基本的に受け身でした。

たしかに、十字軍運動はありました。しかしそれは最終的に、ヨーロッパが明らかにイスラーム勢力ほどの軍事力をもっていないということを痛切に感じさせる事件でした。おそらくこの運動で、ヨーロッパは自分たちの無力さを痛切に感じたことでしょう。

ヨーロッパ人はアフリカの金《きん》を必要としていました。ヨーロッパにおける金生産量は14世紀に上昇したのですが、消費量はそれ以上に急速に拡大します。そのため、ヨーロッパにおける金の需要が増加し、14世紀後半になると、西スーダンの経済活動を活性化させたのです。すでにマムルーク朝の初期において、西スーダンと中央スーダン諸国との貿易網が発達していました。

アフリカには、10世紀初めにチュニジアで起こり、1169（または1171）年に滅亡したファーティマ朝、その後を継ぎ1250年まで続いたアイユーブ朝、そして、マムルーク朝（1250〜1517）とイスラーム王朝が続きました。アフリカにおいて、イスラーム勢力の商業力は強かったのです。

ヨーロッパ人が西アフリカの金を入手するには、ベルベル人によるサハラ縦断交易が大きな障壁となっていました。したがってアフリカ産の金を入手するためには、ヨーロッパ人は海路を使うほかなかったのです。

エンリケ航海王子（1394〜1460）に代表されるポルトガル人は、イスラームの手をへず、金を直接入手しようとしました。したがってこの動きを、直接大航海時代と結びつけるわけにはいきません。しかしまたこの動きが、やがて大航海時代へとつながっていったことも間違いない事実でしょう。

サハラ縦断交易

10世紀中頃になると、サハラを南北に縦断するサハラ縦断交易が成立します。この交易で取引される主要な商品は、岩塩と金でした。しかし、この二つの商品がそれぞれの生産地で取引されていたわけではなく、どちらの商品も、中継貿易のためのものであり、中継貿易の拠点として、トンブクトゥが位置しました。正確にいえば、1030〜1040年頃に、マリ帝国北端に位置するタガーザで良質な岩塩鉱が開発され、サハラ砂漠の南に位置するギニアの鉱物資源としては、金が重要だったのです。

その貿易のために使用された動物は、ヒトコブラクダでした。数日間水を飲まなくても死なず、食べられる食物の種類も多く、砂地でも歩行できます。そのため、ヒトコブラクダがサハラ縦断交易で使用されたのです。さらにオアシスを使えば、食料や水をとることができました。ギニアから、ヒトコブラクダの背に積まれて、大量の金がヨーロッパにもたらされました。その金は、とくに地中海沿岸地域の人々にとって、大きな価値があったのです。反対に、西アフリカには、とりわけ北アフリカに建国されたムラービト朝（1056〜1147）、さらにモロッコにおこったムワッヒド朝（1130〜1269）によって、イスラーム教が導入されました。アフリカもまたイスラーム勢力が支配する地域となり、ヨーロッパは、さらにムスリムによっ

図7-1　北アフリカの交易路

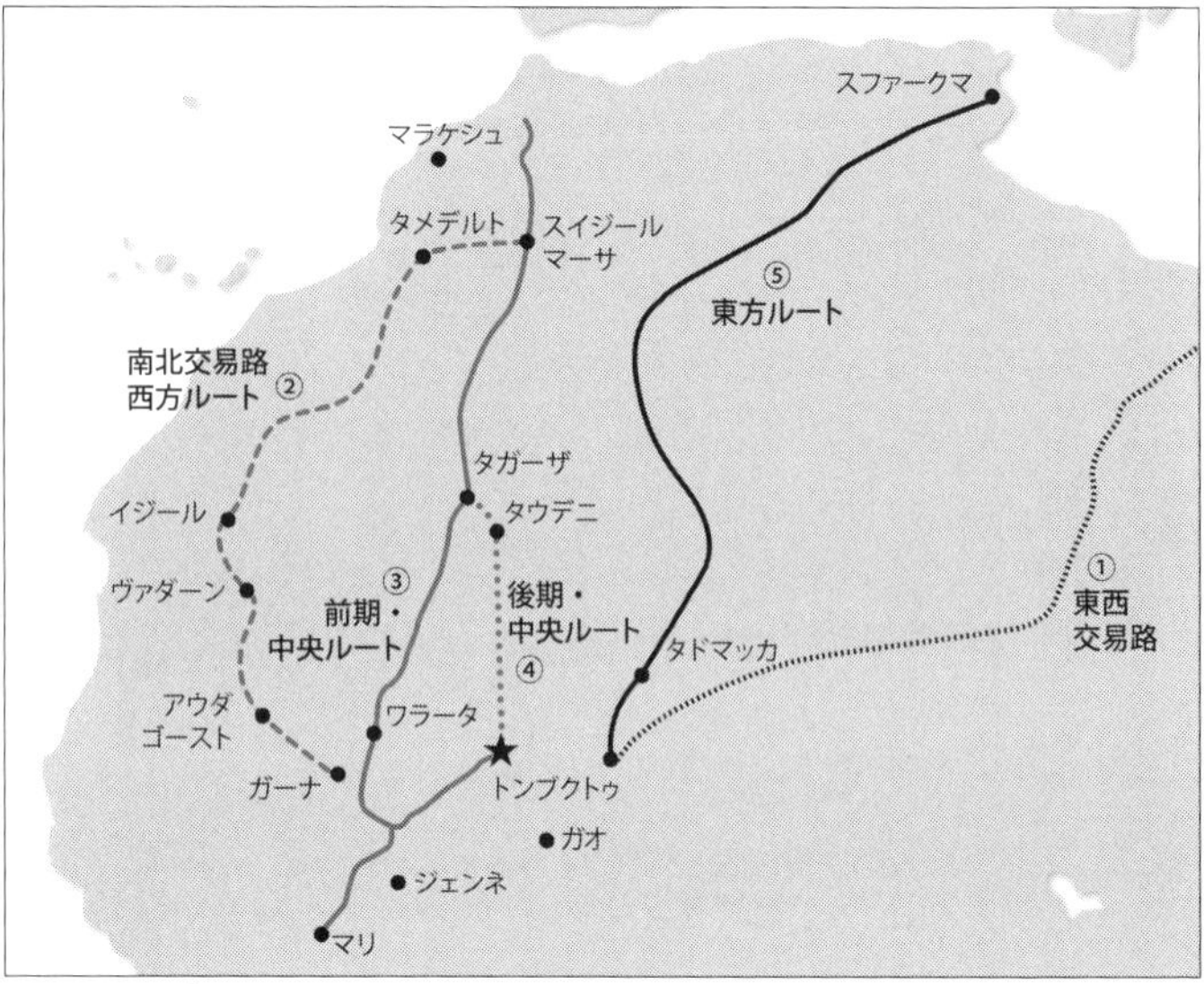

出典：応地利明『トンブクトゥ――交界都市の歴史と現在』臨川書店、2016年をもとに作成。

て包囲される形となったのです。

　マリ帝国（1240～1473）は、セネガル川の北部から、ガンビア川の南部にまで広がる大帝国でした。マリ帝国は、商業の重要性に気づいていたので、商業を促進するような政策をとり、さらに領内で、安全かつ透明性のある貿易システムを形成しました。マリ帝国は政治的に安定したので、経済的繁栄を実現することができたのです。旅行家イブン・バットゥータによれば、トンブクトゥからソンガイ帝国の首都のガオ（カオカオ）まで川をつたって移動することができたようです。

　マリ帝国の国王としてもっとも有名なのは、マンサ（カンカン）・ムーサ（在位：1312〜1337）でした。同王はメッカ巡礼に際し、大量の金を奉納したといわれます。この頃、トンブクトゥやジェンネなどの都市が大きく拡大しました。この二都市はニジェール川を行き来する船によって交易し、トンブクトゥからはサハラ砂漠から運ばれた金が、ジェンネからは森林地帯から運ばれた岩塩が交換されます。マリ帝国の経済的基盤は、この塩金貿易にあったのです。マリ帝国には伝統的な宗教があったのですが、やがてイスラームの力が強くなっていきました。

1468年にマリ帝国を衰退させたソンガイ王国（1466〜1591）は、西スーダンの大部分を支配下におさめました。そして、北アフリカとの交易によって栄えました。サハラ縦断交易路は、ニジェール川上流域から同川の大湾曲部を越えて、その東方に移動することになりました。

北アフリカの旅行家であったレオ・アフリカヌスは、16世紀初頭にソンガイ王国の首都であったガオを旅行し、長距離貿易が西アフリカの生活にどれほど影響を与えたのかを巧みに描写しています。さらに、商業の中心であったトンブクトゥの統治者は、金でできた製品を多数所有しており、この都市には荘厳でたくさんの家具のある宮廷があったといいます。

ポルトガルは、1444年にサハラ砂漠の最南端に達して、ムスリムによるサハラ縦断交易に依存することなく、直接アフリカ南部の金を入手できるようになりました。そのため、ムスリム商人の手をへることなく、ヨーロッパに金が流入することが可能になったのです。

大航海時代がはじまった

ポルトガルは、アフリカ大陸を海岸沿いにどんどん南下していきました。1444年にはカボベルデ、1445年にヴェルデ岬に到達します。さらに1480年になると、マリ帝国の首都であったトンブクトゥに達しました。1488年には、バルトロメウ・ディアスが喜望峰に到着します。

1490年になると、ポルトガル人はアンゴラ海岸部ルアンダに植民し、ここに奴隷貿易の拠点を築きました。1494年にはトルデシリャス条約を結び、世界がポルトガルとスペインにより分割されることになります。そして1498年、ヴァスコ・ダ・ガマが率いる艦隊がインド西岸のカリカット（コーリコード）に到着し、ポルトガルのアジア進出が本格的に開始されたのです。この頃には、すでに大航海時代がはじまっていたといっていいでしょう。

これ以降、ポルトガルはアジアへの進出を強めます。ポルトガル国王マヌエル1世は、1497〜1506年のあいだに合計8回、インド遠征隊を送りました。1503年には、アフォンソ・デ・アルブケルケが率いた11隻の艦隊は、カリカット軍に占領されたコチンの援助に向かい、カリカット軍を撃破し、クィロンに商館を建てました。

1505年には、フランシスコ・デ・アルメイダが1500名の船員とともにポルトガルを出航し、インドでキルワを植民地化し、要塞を建設します。そして、アンジェディヴァ島、カナノール、コチンにも要塞をつくったばかりか、後続部隊がソファラにも要塞を建設しました。

1509年には、アフォンソ・デ・アルブケルケがディウの海戦でイスラームのマムルーク朝艦隊を破り、ポルトガルのアラビア海支配は決定的になりました。ディウはムスリム商人に残された最後のインド西岸の重要拠点だったからです。さらにアルブケルケは1510年にはゴアを占領しました。彼はゴアに強固な要塞を建設します。ゴアは、ポルトガルのインドにおける拠点となったのです。

アルブケルケは、1511年にマラッカ王国を滅ぼします。アルブケルケはマラッカにアファモサ要塞を建て、翌1512年、モルッカ諸島に位置するテルナーテ島に到着することになりました。また、モルッカ諸島の探検艦隊を派遣し、それはバンダ諸島に到着しました。さらに1515年には、ペルシア湾のホルムズ島を完全攻略することに成功し、ペルシア湾から東南アジアに至る制海権を確保します。

このようにして、ポルトガルはモルッカ諸島にまで到達したのです。ヨーロッパは、非常に長期間にわたり、香辛料を東南アジアから輸入していました。しかし、ここで初めて、ヨーロッパ人が直接香辛料を入手する可能性が生まれたのです。

香辛料の輸入経路の変化
イタリアからポルトガルへ、そしてオランダ・イギリスへ

１４９８年にヴァスコ・ダ・ガマの一行がインドの西岸のカリカットに到着します。これ以降喜望峰ルートでの航路が開拓され、紅海からアレクサンドリアを通り、イタリアに香辛料を運ぶルートはすぐに衰退したと、かつては考えられていました。

しかし現在では、紅海ルートはなかなか衰退しなかったことが明らかになっています。とはいえ長期的にみれば、喜望峰ルートを使用して、香辛料をアジアからヨーロッパへと運ぶようになったことは間違いない事実です。おそらく１６２０年頃から、そうなったと思われます。

ポルトガルのアジア進出をきっかけとして、オランダ、イギリス、フランス、デンマーク、スウェーデンなどが、東インド会社などを設立し、アジアとの貿易を促進しました。

ヨーロッパのアジアへの進出では、アフリカの喜望峰をまわり、オスマン帝国の領土は通りませんでした。それは、このオスマン帝国が商業的にも軍事的にも、巨大な壁だったからでしょう。

イギリスは1600年に、オランダは1602年に東インド会社を創設し、アジアとの貿易を独占させました。これは、国家による貿易の管理ですが、実際には、国家がすべてを管理することはできず、これらの会社は軍隊さえもつ統治機構があったのです。

英蘭の東インド会社は、国家のエージェントともいうべき存在でした。そこには国家による貿易と統治の管理という思想が働いていたのですが、それと同時に、国家の力はまだあまり強くはなく、イギリス人やオランダ人、さらには現地の商人との協同事業が必要とされたのです。ヨーロッパ諸国の商人、とくにオランダ商人とイギリス商人は、アジアの商人のネットワークのなかに深く入り込んでいきました。それと同時に、イギリス東インド会社においても、ポルトガル商人は活躍していたといわれます。ポルトガル語は、ヨーロッパ―アジア間貿易の共通語lingua francaでした。

ポルトガルは、アジアで築いた植民地をオランダやイギリスに奪われていきましたが、ヨーロッパ人のあいだでの商業の共通語は、ポルトガル語であり続けました。

ヨーロッパのアジアへの進出は、ポルトガルが先発し、オランダ、イギリス、フランス、デンマーク、スペイン領ネーデルランド、スウェーデンなどが続きました。彼らは、アジア人と協同しながら、海上交易のネットワークは、徐々に自分たちがコントロールするようになりました。

さらにヨーロッパは各国で競い合い、海外進出したのです。そのために、効率の良い国家経営が必要になりました。多数の戦争が生じたので、ヨーロッパ諸国は戦時に国債（公債）を発行し、平時にそれを返済するというシステムを開発します。それはおそらく、経済は成長するという前提に立っていたからこそ可能だったのです。これが近代世界システムの誕生です。

国家のあり方は大きく変化します。ヨーロッパ諸国は、財政は基本的に赤字であるものの、経済が成長するのだから、借金は返済できるということを理解していきました。ここに、財政面から見るなら現代まで続く国家のシステムが誕生したのです。

もし中国が戦時に国債を発行していたなら、平時になって増税をすることでそれを償還することは可能になったはずです。しかし、中国は、そういうことをしなかったのです。ここに両地域の決定的な差が見られるのです。

また、ヨーロッパ諸国・ヨーロッパ人はアジアにどんどんと進出したのに対し、中国はわずかの例外を除いて、海上に進出することはありませんでした。それが、両地域の運命を分けました。ヨーロッパでは各国が競争し、他地域に進出していったのです。その結果、ヨーロッパで産業革命が発生し、中国では発生しませんでした。

世界で初めて産業革命を経験したイギリスは、綿花を植民地であるカリブ海諸島で栽培し、それを本国で綿製品にするというシステムを完成させました。ヨーロッパは、明らかに海外の植民地を自分たちの経済成長のために利用するようになっていったのです。それは、現代においてもなお大きな影響をおよぼしている出来事なのです。

第8章 産業革命でヨーロッパと中国の立場が逆転した

産業革命の伝統的イメージ

産業革命とは、イギリスで綿織物の生産量が急激に上昇したことを意味するという印象をもっている読者は少なくないと思います。たしかに、その通りです。

もう少し具体的に述べましょう。まず18世紀初頭にニューコメンが蒸気機関を発明します。1733年頃には、ジョン・ケイが飛び梭《ひ》を発明します。1735年には、ダービー父子のコークス製鉄法がはじまります。

それ以降どんどん産業革命は本格化します。1760年代には、いくつもの発明がなされます。1764年にはハーグリーヴズがジェニー紡績機を、1769年にはアークライトが水力紡績機を発明します。さらに1769年には、ワットが蒸気機関の改良に成功します。1779年にはクロンプトンがミュール紡績機を発明し、1784年にはカートライトが力織機を発明します。

このような過程をへて、1780年代のイギリスは、経済がずっと成長し続ける「持続的経済成長」に突入することになったと考えられています。

ですがここにあるのは「生産」の論理だけで、「消費」の論理はありません。また、一般に産業革命は紡績と織布の過程にしか目を向けておらず、綿織物の染色、すなわち捺染《なっせん》には言及しません。これらは、大きな問題点だと思います。

ここでは、中国ではなくイギリスが産業革命に成功した理由について、述べていきたいと思います。

その前に言っておかなければならないのは、長期的にはイギリス産業革命とは機械を使用し蒸気機関を動力とした綿織物の大量生産を意味するということです。どのようにしてそれに成功したのかということを、当時のグローバル経済のなかで論じます。

清代の中国

清の第4代皇帝康熙帝《こうきてい》（在位：1661〜1722）は、中国史上最高の名君とされます。雲南の呉三桂、広東の尚可喜、福建の耿継茂《こうけいも》が1673年から三藩の乱を起こすと、康熙帝はこれを1681年に鎮圧しました。1683年には鄭氏台湾を平定してはじめて台湾を中国本土の王朝の支配下に入れ、清の全国的な統一支配を達成しました。

明で宦官の勢力がはびこったことを反省し、清では宦官はあまり積極的には使わなかったものの、科挙制度は継続し、軍事体制としては、少数民族の女真族が多数の漢人を支配するために八旗制を導入しました。

1689年には、清とロシアのあいだでネルチンスク条約が結ばれました。これは中国最初の平等な条約といわれますが、むしろ、中国がヨーロッパ化した証拠だと考えられるでしょう。というのは、東アジアでは中国の勢力が圧倒的に強い華夷秩序が成立していたため、「平等」という概念はなかったのに、東アジアはやがてそこから離脱したと考えるべきだと思うのです。

ネルチンスク条約の作成において活躍したのはイエズス会であり、同条約がラテン語で結ばれたことは非常に重要です。正確には、条約文はラテン語、ロシア語、満州語で書かれていますが、正文はラテン語とされました。この当時、ヨーロッパの条約はラテン語で書かれており、それがネルチンスク条約にも導入されたのです。

康熙帝は、イエズス会の宣教師を重用しました。中国とヨーロッパを比較すると、経済水準としては中国の方が高かったかもしれませんが、社会システムとしてはヨーロッパの方がすぐれており、それを中国のみならずアジアが、好むと好まざるとにかかわらず、受け入れていったことのあらわれだと思います。

康熙帝に続く雍正《ようせい》帝の時代には、ロシアとのあいだで、ロシア・モンゴル間の国境を定めるキャフタ条約を締結しました。

雍正帝を継いだ乾隆《けんりゅう》帝の統治期間中に、清の領土は中国史上最大になりました。清は、満州人、漢人、モンゴル人、ウイグル人、チベット人からなる多民族国家となりました。175

7年には外国貿易を広州一港に制限し、それを特権的な商人である公行《こうこう》に管理させるようになります。

ここに述べたことから明らかなように、中国の領土拡大は台湾を除いては陸上での拡大を意味し、ヨーロッパとは異なり、海上ルートでの領土拡大ではなかったのです。

勤勉革命をしなかった中国

「勤勉革命」という言葉があります。これは、人々が労働時間を近世に増やしたことを意味する用語です。世界的な経済史家であるヤン・ド・フリースによれば、ヨーロッパにおいて勤勉革命のための条件のいくつかは、中国でもっとも商業化した地域でも見られました。

中国のいくつかの地域では、農村の家計の労働強化がなされ、それは17～18世紀中頃の綿織物製造業の拡大と同時に生じたという十分な証拠があるといいます。

それに対しビン・ウォンは、中国では、産業革命が勤勉革命に続いて生じた可能性はないと断固として主張しました。

中国とヨーロッパの相違をいえば、中国では人口が多いため収入が上昇しにくく、女性は家計に拘束されることが多かったので、女性には家計内部の紡績と織布以外の雇用機会はほとんどどなかったことです。

それとは対照的に、ヨーロッパの労働者の稼ぎが多かった（労働供給は非弾力的だったので）のは、たぶん、多数の労働機会があり、とくに女性が利用できたからです。

またヨーロッパでは労働者が少なかったので、より多くの労働者が消費を拡大し、最終的に市場を拡大する勤勉革命の経路をたどったのに対し、中国では労働時間が増えても技術革新がないため、生産性はむしろ低下したと考えられます。

すでに述べたように、イギリスでは綿織物生産にかかわる技術革新が生じました。しかし発明自体では、ヨーロッパの綿織物の興隆を説明するのに不十分なのです。生産性が上昇しても、労働時間が減少したなら、生産量は増加しません。

ヨーロッパ人は、生産性が上昇しても一生懸命に働き、中国人労働者はそうではなかったのです。ではそれはどうしてなのでしょうか。以下、繊維の歴史の研究者として名高いジョルジオ・リエロの研究（Riello, 2013）にもとづいて論を進めましょう。

中国の生産単位　家計

家計は、中国においては主要な生産単位でした。もちろんヨーロッパもかつてはそうだったのですが、やがて工場制生産が中心となりました。

中国では、親族、家族の絆、性による分業をベースとして手工業をおこなったのです。巨大な紡績機が明代の中国で普及しなかったのは、製造業は、妻と子供たちが参加する小単位の生産を中心としていたからです。

水力による麻紡績機は、中国では技術的には綿に対しても利用可能であり、紡ぎ車よりも効率が良かったかもしれませんが、中国人にとって、そういったものは社会的にも文化的にも受け入れることはできず、生産の組織化にとっても利用されることはまったくなかったのです。

第二の特徴は、中国で紡績と織布をしているすべての家計のうち、80パーセントが、彼らが使用する原料のかなりの部分を自分で栽培していたのです。ヨーロッパにおいては、栽培と織物の繊維の加工――とくに綿のための――には農業的なつながりがなかったために、生産単位として、農村の家計は重要ではなかったのです。

したがって、イギリス経済は、最初に工業化し機械化しました。当初はイギリス国内、ついでヨーロッパ、最後に世界中がイギリス綿織物の市場になりました。

綿織物輸出額は、1780年の100万ポンドから、1825年には3710万ポンドへと変化しました。イギリス綿の輸出の成長率については、1783〜1814年には、年間12パーセント以上であり、総生産の60パーセントが輸出されていました。

1851年には、イギリスの綿は、海外で販売される商品の五分の二を占めるようになりました。同じような構図は、ヨーロッパ大陸にもあてはまります。

19世紀——ほとんどの西欧経済が経済を多様化させていた——を通じて、綿は、すべての輸出額の少なくとも四分の一を占めたのです。1813年には、イギリスの織物の輸出は、すべての輸出額の38パーセントであり、イギリスだけではなく主要なヨーロッパ諸国で、綿織物製造業がもっとも重要な製造業部門でした。

イギリスの産業革命

ここでより詳しく、イギリスの産業革命について、近世の世界経済の状況と関連づけながら論じていきましょう。

綿は、多年生のワタ植物（ワタ属アルボレウム）に属します。綿栽培の最古の遺跡はメキシコで発見されており、すでに約8000年前には栽培されていたことが明らかになっています。旧大陸では、現在のインドで約7000年前に綿が栽培されていたことが判明しています。

前2500年頃〜前1500年頃のインダス川流域にあるモヘンジョダロの遺跡からは、綿織物を生産していた痕跡が見つかっています。

綿の生産はインドから中国にまで拡大し、1600年以前に、大量の中国産の綿が、雲南省からビルマ（現ミャンマー）まで到達しています。中国では、いくつかの地域が綿の生産に特化し、運河を使うことで、中国全土に綿が売られることになりました。中国では、やはり運河の経済的役割が大きかったことがわかります。

インドに目を向けますと、17世紀以前には、主要な綿生産地域間を結ぶ大規模な原綿貿易が存在してはいなかったのですが、17世紀後半になると、250万ポンドの原綿が、毎年デカンとコロマンデル平原で取引されたらしく、ここから、インド内部での原綿の輸送が活発だったことがうかがえます。

多くの綿栽培は、小自作農地をベースとしていました（中国でもインドでも）。繊維の加工の最初の工程（繊維の汚れをとって、紡ぐ）は基本的に女性によって実行され、多様な価格の綿製品が、市場に出回ることになりました。

インドでは、北西部に位置するスーラトの綿の品質は良かったのですが、繊維の長さは短く、ベンガルの繊維はスーラトの繊維に似ていたのですが、繊維はさらに短かったのです。一方、マドラスの綿の品質は最低だといわれていました。このように、インド各地の綿繊維の長さは多様だったのです。

綿はインドのさまざまな地域で生産されました。とりわけ、コロマンデル平原のマイソールと、南インドの粘土質が多い乾燥した土地で栽培されただけではなく、北インドの多くの場所でも栽培されていました。

このように、インドでは多様なタイプと品質の綿が栽培されました。高級なモスリンから低品質な原料で生産される低級品まで、それが地方の生産を特徴づけるようになっていったのです。

綿繊維は、小規模農地で栽培された低品質な繊維、小農の家計内部の基本的な産業の加工過程のための原料となり、それはインドや中国だけではなく、他のユーラシアの諸地域を特徴づけたパターンとなりました。インド人の織り手は、カーストに所属していました。そのため個々の村落は、異なるカーストから織り手を調達することができたのです。

このような枠組みのもと、インドの綿製造の商業化は急速に進んでいきました。紡ぎ手の生産物の商業化を促進したのは村落自体でしたが、布地の販売は、織り手が布地を自由な市場で販売することもあれば、商人による販売もありました。

場合によっては仲買人が介入し、彼らはさらに村落内部の他の仲介となる商人に頼り、注文に対し手数料をとりました。ブローカーもおり、彼らは商人のために活動し、村落内部で織り手になることができただけではなく、価格のおよそ1〜2パーセントを手数料として受け取っていました。インドでは、このように、綿織物の生産者の独立性は高く、それはヨーロッパと大きく違っていたのです。

インドキャラコの流入と中欧のリネン

インドキャラコは、中世後期には、地中海ですでに高く評価される商品でした。ヴェネツィア商人とジェノヴァ商人は、香辛料、さらに宝石、ペルシア製の絹のような高級品、インドキャラコを入手していたレヴァントの中間商人を使って、アジアと積極的に貿易をし、インドキャラコを輸入しようとしたのです。ヨーロッパが、中国よりも積極的に対外進出していたことでの利益が、ここに見られたといえましょう。

それとともに、イギリスは当時、ヨーロッパ諸国との貿易競争の真っただ中でした。イギリスがこのとき中欧から輸入していた織物はリネンでした。ライバルであるヨーロッパ諸国から輸入するなら、イギリス東インド会社を通じてインドから輸入する方が良いと、イギリス政府は考えたのです。

中欧のポンメルン、シュレジエンのリネンは、生産者の賃金が低かったので、西欧市場でインドの綿と競争することができました。さらにフランスやポルトガル経由で中欧のリネンがアフリカに売られ、奴隷が着ることになり、大西洋経済に組み込まれることになりました。そのため、中欧自体の経済構造が変わったのです。ヨーロッパは、大西洋経済を形成することで、大きく発展したのです。

このようにイギリスが競争していた品目には、インド綿だけではなく、中欧産のリネンもあったのです。

インドとヨーロッパはどう違ったのか？

ヨーロッパでは、インドとは異なり、商人は生産をコントロールする強い力がありました。織り手と紡ぎ手は、原料や道具を所有していませんでした。紡ぎ手は、しばしば羊毛や亜麻（のちには原綿）を割り当てられ、彼らに出来高払いで支払いをする商人が提供する糸を紡いだのです。

しかも織機は、しばしば織り手に貸与されていました。織り手には紡績糸も供給され、布地を出来高払いで生産しました。このようにインドの紡ぎ手と比較すると、ヨーロッパの紡ぎ手の立場は非常に弱かったのです。

インドでは、カーストによる階層化が発展し、織り手と商人のあいだに複雑な関係があり、そのなかで織り手が高度な独立性を獲得していました。それとは対照的に、ヨーロッパのシステムでは、織り手の独立性は高くはありませんでした。インドとは異なり、ヨーロッパでは商人による織り手の管理が可能だったのです。

インドでは、異なる段階の生産が特殊な職人によって実行されていました。具体例をあげましょう。1670年代の段階で、インドのマドラスでは、生産と仕上げ（染色、木のブロックの切断、木炭を使った織物のデザイン）の両方で、分業が高度に発達していました。さらにインドの村落では、特定の市場への商品生産に特化したのです。驚くほどに多様な製品、産業と市場が、地理的に分割されていたのです。

ヨーロッパでは、インドのように、特定の地域が一つの綿製品に特化することはありませんでした。商人は、紡ぎ手と織り手を管理し、自分自身で染色、圧搾、艶出し、包装、荷造りをしていました。それは、（織物に色をつける）捺染工と染色業者が独立していたインドとは、まったく対照的なシステムでした。

インドのシステムは、最終生産物の価格が固定されていることをベースとしていました。そのため、食料価格が上昇すれば、綿製品の価格に大きく影響することになりました。

一方、ヨーロッパモデルは、労働の報酬、賃金の支払い、さらにより多くの場合、出来高払いをベースとしており、それらは、農業生産の条件と食料コストとは無関係でした。ヨーロッパのシステムは、インドのそれよりもずっと柔軟性があり、経済の変動に適合しやすかったのです。

マンチェスターの綿工業

周知のように、西アフリカの黒人奴隷を必要とする綿の供給地域として出現したのは、イングランド南西部のマンチェスターでした。マンチェスターの綿織物生産は、1710年代から発展していましたが、1730年代半ばまでは、国内市場向けを主としていたのです。

マンチェスターの「綿」（正確には、この当時はリネンと綿の混紡でした）は、アフリカとアメリカの市場で、インドのスーラトとグジャラートからの安価な織物に取って代わろうとしていました。

マンチェスター製の綿織物は、ストライプとチェックの横糸として織られた綿糸を使用していたのです。原綿の生地（綿とマンチェスター・ビロード）は、縦糸を2倍の量にして生産し、より抵抗力のある糸を加えたため、インド綿よりも重い綿生地にでき上りました。

しかしながら、1760年代になっても、マンチェスターの綿布は、品質的には、インド綿布と競争することはできなかったのです。イギリス綿の実力は、インド綿におよばなかったのです。

イギリスの綿が、アフリカとアメリカの市場でインド綿に取って代わるには時間がかかりましたが、それがもたらした影響として、生産量の増大が可能になったことがあげられます。新技術を採用したので綿工業の規模への影響がではじめた1788年には、アフリカで取引される織物の製造には30万ポンドの固定資本を必要とするようになり、18万人の人々に労働を提供しました。アフリカへの貿易額は毎年20万ポンドに達し、さらに30万ポンドの綿が西インドに送られました。マンチェスターは、綿生産量を大きく伸ばし、だんだんと「世界の綿工場」になっていったのです。

インドの綿生産は、機織の村落をベースとして特定の地域に集中していたのに対し、ヨーロッパの綿工業の特徴は、その集中度がはるかに高い点にありました。1815年には、マンチェスターの90の綿工場が、1万1000人の労働者を雇用していました。それから25年間で、その数は3倍に増加します。1841年には、イギリスにある1150の綿工場のうち70パーセントが、イングランド北西部のランカシャーに位置していました。

1840〜41年には、ランカシャーの人口の三分の一以上が、綿工業で働いていたのです。1830年代になると蒸気機関を取り入れ、それまでの水力で発動する機械に取って代わると（蒸気機関が使用されると）、綿製造業はさらに集中度を大幅に上昇させました（逆にいうと、マンチェスターにおいてさえ、蒸気機関はなかなか普及しなかったのです）。

しかし産業革命が起きた後も、なかなかイギリスの綿工業はインドを上回れなかったのです。

周知のように、イギリスでは、次々に綿生産のための新しい機械が発明されました。そしてインドの手織りの綿生産とは異なり、イギリスに工場制度が発展していきました。イギリスの綿織物の生産量は、1770～90年で10倍に、さらにそれから12年間でさらにその10倍に増加しました。それでも、1820年代になってからも、イギリスの綿生産量はインドにおよばなかったのです。イギリスが「世界の工場」になるのは、それ以降のことだったのです。

捺染技術の発展

ここで本章冒頭での問題提起に戻り、捺染の話をしてみましょう。インドは、織物に色をつける捺染技術の点でも、元来ヨーロッパよりすぐれていました。それをヨーロッパに伝播したのは、サファヴィー朝ペルシアに位置するイスファハーン郊外の新ジュルファーを根拠地とするアルメニア人でした。彼らは、綿の捺染技術を、ペルシアで学習したものと思われます。アルメニア人は、彼らがイランで生産した綿布を、フランス、近東、東欧に販売しました。さらに、グジャラートで生産された綿布を、イラン、バンタム、マニラで販売したのです。インドの捺染技術を他地域に広めたのは、アルメニア人だったのです。

これほどの広範囲にわたる貿易は、ヨーロッパとアジアにわたる広範な地域に存在したアル

図8-1 | 近世における新ジュルファーのアルメニア人の貿易網と居住地

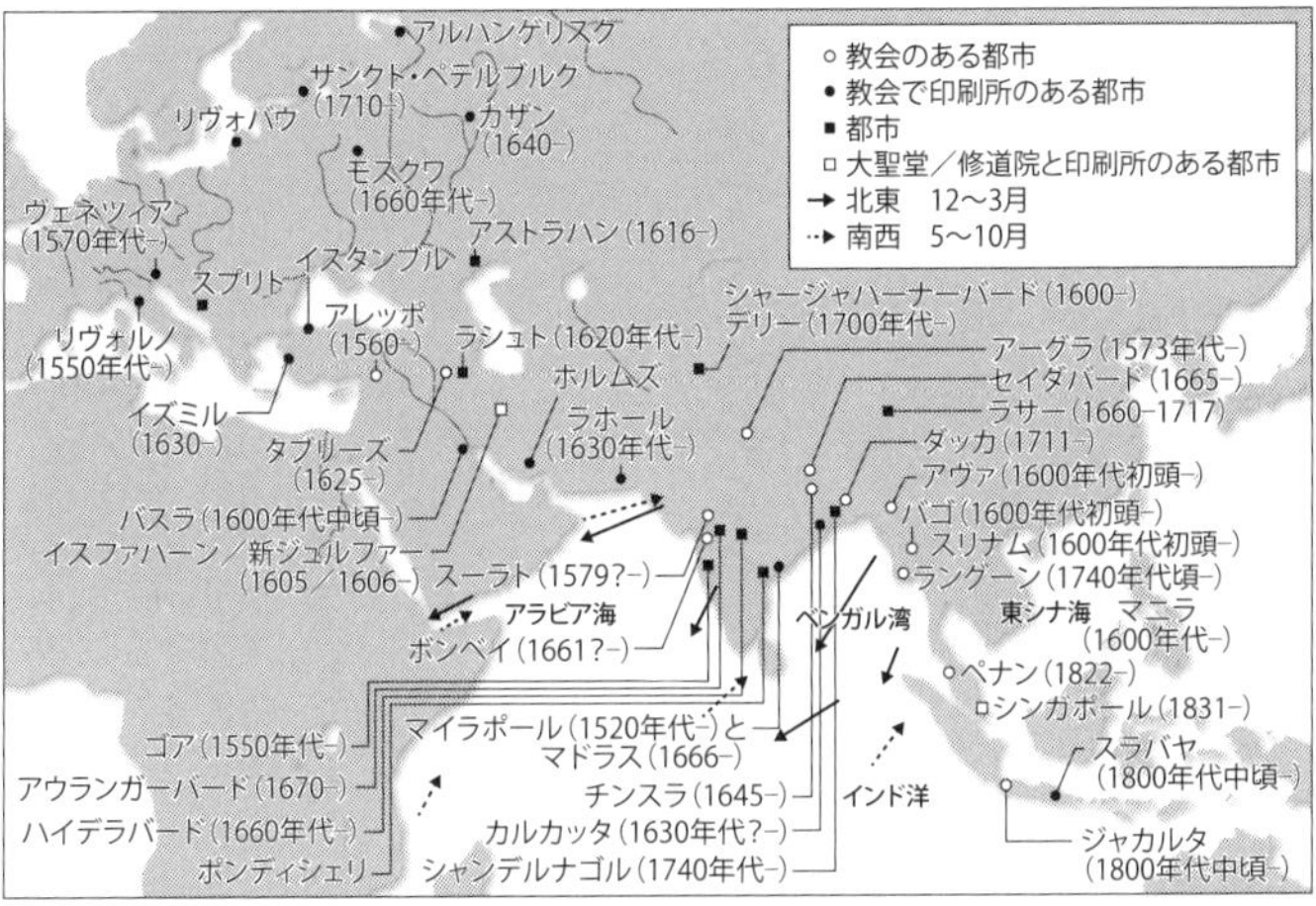

出典：Sebouh David Aslanian, *From the Indian Ocean to the Mediterranean: The Global Trade Networks of Armenian Merchants from New Julfa*, Berkeley: University of California Press, 2011をもとに作成。

メニア人の商業・金融サービスがなければ不可能でした。アルメニア商人は、メソポタミア、インド、インドネシアばかりではなく、ヴェネツィア、リヴォルノ、アムステルダムに移住し、ヨーロッパにおける絹と染料の貿易で卓越した地位についていました。

手で捺染するインドとは異なり、ヨーロッパの捺染工は、銅のプレートとローラー捺染の発明によって捺染するようになりました。これは、大きな技術的進展であっただけではなく、大量生産に適した技術でした。綿織物製品の価格が低下するためには、このような技術は不可欠だったのです。

ヨーロッパには、インドとは異なり、捺

染工が不足していました。しかし、ヨーロッパには、紙と銅版による印刷に関する多数の経験がありました。たとえばエッチングがそれにあたります。それだけではなく、印刷機の技術を用いて大量に捺染することに成功しました。

捺染とは、英語でprintといいます。したがって印刷機を使い、紙に印刷（プリント）することと織物に捺染することは、基本的に同じ技術なのです。グーテンベルクが発明した活版印刷術が、綿織物の捺染に役立ったのです。

産業革命によって、紡績と織布の工程が機械化されたことはよく知られます。しかし、そこに抜けているのは、捺染工程です。大量に綿織物を製造することは、捺染、すなわちプリントの効率性が大きく上昇しなければなりません。捺染工程もまた、機械化されたのです。

紡績・織布・捺染の3工程が機械化されたからこそ、イギリスの綿織物製造のコストは大きく低下し、インドの綿織物との価格競争に勝利し、イギリスは「世界の工場」になることができたのです。それは、長い長い過程でした。そして、この長い過程のあいだに、イギリスは、そして長期的にはヨーロッパは、インドのみならず、アルメニア人の影響下から離脱することに成功したのです。

大西洋経済と綿織物生産

捺染の方法をアジアから学び、さらに印刷技術を応用して大量生産に適した機械を用いた捺染の導入に成功したイギリスは、綿花を栽培する方法においても、新しい技術を導入しました。すなわち、綿花を西インド諸島で栽培し、イギリス本国に送り、そこで完成品の綿織物にしたのです。これは、イギリスが海外に植民地を獲得していたからこそできたことでした。ヨーロッパ諸国は高緯度に位置するので、綿花を栽培することはなかなかできません。しかし、熱帯ないし亜熱帯に植民地があれば、それは可能なのです。

中国は国内で綿花を栽培し、それを国内で完成品の綿織物にすることが可能でした。それは、中国の自然環境の豊かさ、多様性のためです。中国と比較してこれらの点で劣っていたヨーロッパは、ヨーロッパの外で綿花を栽培するほかなかったのです。

しかし、18世紀ヨーロッパ経済で最大の利益をもたらしたのは、砂糖の生産でした。いくつものヨーロッパ諸国が新世界に植民地を所有し、サトウキビを栽培し、砂糖を生産したのです。

新世界におけるサトウキビ栽培・砂糖生産は、ブラジルからはじまりました。そして、セファルディム（イベリア半島から追放されたユダヤ人）が、カリブ海地域にそれを伝播させたのです。セファルディムは、ヨーロッパから他地域に行くことを余儀なくされたディアスポラの民で

図8-2 | セファルディムの居留地

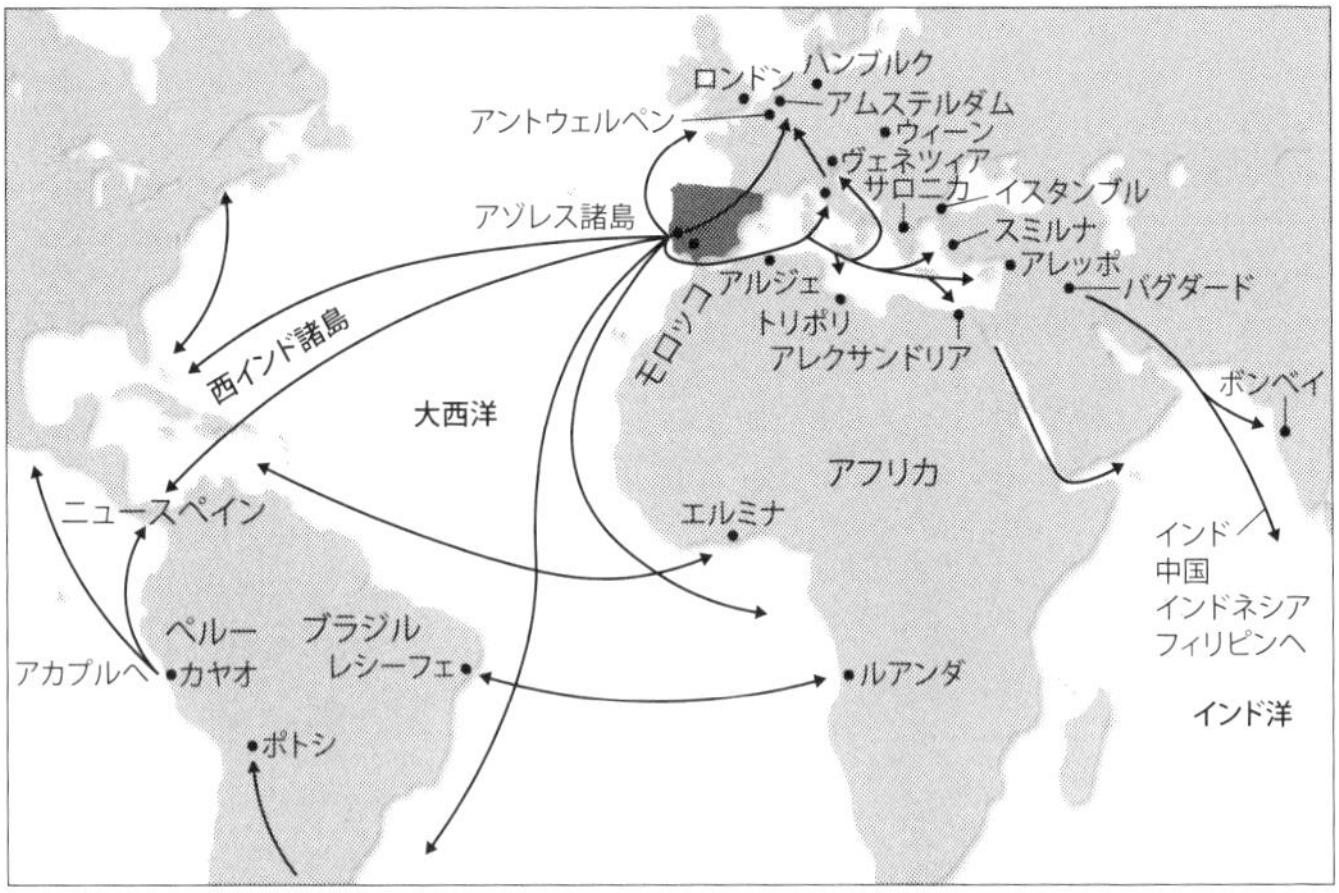

出典：Jonathan Israel "Empires", in Ina Baghdiantz McCabe, Gelina Harlaftis and Ioanna Pepelasis Minoglou eds., *Diaspora Entrepreneurial Networks: Four Centuries of History*, New York, 2005をもとに作成。

す。彼らは、新世界が砂糖の王国になるために決定的な役割を果たしました。もちろん、サトウキビ栽培のために強制労働をさせられていたのは、西アフリカから輸送された黒人奴隷です。

イギリス産業革命は、セファルディムが構築したサトウキビ栽培・砂糖生産のシステムから、イギリスが離脱し、綿織物を生産したということを意味するのです。

すなわち、産業革命とは、セファルディムとアルメニア人という二大ディアスポラの民の影響下から、イギリスが離脱したということを意味するのです。それはイギリスが、海上ルートで対外進出をし、各地で商業活動を営んだからこそ実現できたことなのです。ヨーロッパ、とくにイギリスは海上ルートで進出し、世界をイギリスの経済活動に利益をもたらすようにしていったのです。

産業革命とは、このように非常に長い歴史的行程の結果生じたものでした。イギリスの工業力が他国を上回った背景には、海運業の発達があったことを忘れてはなりません。

ヨーロッパ諸国は、世界各地に植民地をもつようになりましたが、イギリスの植民地の大きさは、他国を圧倒しています。それは、イギリスの海運業が大きく発展したことを意味します。

第9章 コミッション・キャピタリズムとイギリスの覇権

輸入代替産業ではなかった第二次産業革命

輸入代替産業という言葉があります。これは、それまで輸入されていた産品を国産化することにより、当該産業を成長させることをいいます。

18世紀後半のイギリスの産業革命は、インド綿の輸入代替に成功し、イギリス国内で生産したために、輸入代替産業による産業革命といえるのです。イギリスの産業革命は、第一次産業革命といわれます。

それに対し19世紀末のドイツやアメリカで起こった第二次産業革命は重化学工業を中心としたものであり、輸入代替産業とはいえません。どちらの国も、第一次産業革命が自然界に存在する綿を使用したのに対し、第二次産業革命は人工的に化学繊維を作り出したのです。

そのためにドイツやアメリカは工業国家としてイギリスを凌駕したのですが、イギリスは産業の中心を金融業にシフトすることで、覇権国家（圧倒的に経済力がある国）となったのです。

ウェスタン・インパクトと欧米の船舶

ヨーロッパは、長年にわたりアジアの船で東南アジア、インド洋、紅海を経て香辛料を輸入し、それをヨーロッパ内部で流通させていました。しかし、ポルトガルが新航路を開拓してからは、ヨーロッパ船を使い自らの手でアジア貿易をするようになり、アジア域内の海上輸送は、欧米人が握るようになりました。

さて、近年の研究では、アジア域内交易は1870年代になると、欧米のアジア進出によるインパクト（ウェスタン・インパクト）を受け、大きく成長したというのが定説になっています。19世紀の資本主義の世界的展開の中で、ラテンアメリカやアフリカが欧米諸国に従属していったこととは対照的に、アジア域内では、欧米よりも貿易成長率が高かったというのです。

アジア域内交易が発展したのは、アジアの海運を握っていた欧米諸国が、帆船に代わって蒸気船を導入したことでした。1870年代からアジア域内交易は盛んになっていきますが、その物流の少なからぬ部分は、欧米の船、とくにイギリス船によって担われました。アジア内部の海上輸送は、それまで伝統的にジャンク船という帆船が担ってきましたが、帆船ではそれほど多くの物流を担えませんでした。

帆船に代わって、より大型でたくさんの商品や人間を積むことができる蒸気船を利用したからこそ、アジア域内交易は盛んになったと考えるべきでしょう。それ以外にも、風の影響を受けず定時に航海することが可能になるなど、蒸気船あってこそ、アジアの経済は活性化したといえます。アジアで盛んだった商品作物を栽培するプランテーション農業も、蒸気船で労働者を一挙に運ぶことができなければ、人手不足でとても成立しなかったことでしょう。アジア域内交易でも欧米の船が使用されていました。それは、ヴァスコ・ダ・ガマ以来の、ヨーロッパのアジア進出の最終形態だったと考えるべきでしょう。

19世紀前半にイギリスの蒸気船が上海に来航したのをきっかけとして、清国は、1872年に中国独自の汽船会社である輪船招商局を設立しました。それに対し日本では、1885年、日本郵船会社が創設されました。これらが、アジアの二大汽船会社であり、欧米の汽船会社と競争することになったのです。

ドイツは1898年に山東半島南岸の膠州湾を租借地としました。そしてドイツの海運会社ハンブルク・アメリカンラインが、青島をアジアへの進出拠点とします。さらに青島から上海や天津とのあいだで蒸気船を航行させたのです。

中国との貿易で使用された欧米の船

中国における伝統的な海上航行の主力は帆船でしたが、20世紀になると、欧米の汽船会社が中国沿岸で活動するようになりました。1904年9〜10月のデータをみると、上海からの北洋航路の最大の目的地は山東半島の烟台《えんだい》であり、それに次ぐのは天津《てんしん》でした。中国系の汽船会社が主流であり、イギリス系が続いています。

このように、中国においても、蒸気船の勢力はどんどん拡大していくことになりました。上海―杭州間の旧式民船（帆船）は、小型汽船に取って代わられました。さらに汽船は、内陸河川でも使われるようになったのです。水路交通を利用して蘇州から上海へと到着するのに、順調であれば民船によって4～5日間で到着可能ですが、逆風であればそれ以上の日数が必要でした。その日数が短縮されただけではなく、航海の安定性も確保されたのです。

非常に交通量の多い上海―寧波《にんぽう》航路も、さらには上海―漢口航路も、中国の海運会社ではなく、アメリカとイギリスの会社が支配しました。東アジアに蒸気船が入ってきたため、輸送量は増え、輸送日数は大幅に減ります。ジャンク船はなお見られましたが、東アジアの物流を大きく変えたのは、蒸気船でした。

それを如実に示すのが、表9－1と表9－2です。表9－1は中国の港に入港する遠洋航海の船舶のトン数を表し、表9－2は、中国の港に入港する沿岸航海の船舶のトン数を示します（蒸気船のみ）。

どちらも、イギリス船の比率が高いことがわかります。また、遠洋航海の場合、ドイツ船が若干増加傾向にあり、20世紀になると、日本船と中国船が大きく上昇しています。

中国船の増加は統計上のフィクションともいうべきものであり、1904年に統計データの

表9-1 | 中国の港に入港する遠洋航海の船舶の総トン数(蒸気船)　単位:1,000トン

年度	イギリス船	フランス船	ドイツ船	日本船	中国船	全体
1872	652	58	81	—	—	945
1882	1,463	80	182	97	86	2,023
1892	2,439	124	363	218	147	3,460
1902	3,627	316	1,024	1,224	379	7,224
1912	4,931	600	1,310	2,991	2,006	12,848

出典:Hsiao Liang-lin, *China's Foreign Trade Statistics, 1864–1949*, Cambridge Mass., 1974, pp.226–231をもとに作成。

記入方法が変わり、中国—香港間の木造船舶による海運が記録されるようになったからです。

沿岸航海の状況は、遠洋航海とは少し異なります。1872年にはアメリカ船が一番多いのですが、1882年になるとイギリス船に逆転されます。さらに、中国船の数が多いことは、注目に値します。1840~72年には、中国の海運会社は機能していませんでした。1873~98年には、中国の海運会社で活動していたのは、たった1社だけでした。しかし1898年になると、中国政府が中国人が蒸気船を購入し汽船会社を経営することを禁じるのをやめたため、中国船が多く使われるようになりました。

中国では、1757年から1842年の南京条約まで、貿易は広州一港にかぎられていました。けれどもジャンク船は、広州のみならず他の地域で自由に貿易することができたのです。

しかし、アヘン戦争を終結させた1842年の南京条約に

表9-2 | 中国の港に入港する沿岸航海の船舶の総トン数（蒸気船）　単位：1,000トン

年度	アメリカ船	イギリス船	ドイツ船	日本船	中国船	全体
1872	1,633	1,330	223	—	18	3,303
1882	64	3,956	257	—	2,300	6,679
1892	36	7,220	371	98	3,113	11,240
1902	466	9,789	2,588	2,455	4,263	19,749
1912	556	14,103	1,775	6,930	6,584	30,144

出典：Hsiao Liang-lin, *China's Foreign Trade Statistics*, pp.240–245をもとに作成。

より、広州、福州、厦門《あもい》、寧波、上海の5港が開港されることになり、ジャンク船の使用は減少したのです。

中国は、ヨーロッパ系の蒸気船による大きなインパクトを受け、その中心はイギリス船でした。ジャンク船は、一般に蒸気船と比較すると小型であり、しかも帆船であるため、スピードは出たとしても、風による影響を受けやすく、その航行は、規則性がより少ないのです。したがって中国は蒸気船の海運会社を育成しようとしたのですが、政府による企業経営は非効率的であり、ヨーロッパ系やアメリカ系の海運会社と競争することは難しかったのです。

さらに、19世紀になると、東アジアと東南アジアにおける中国の商業ネットワークは、イギリスの帝国の枠組みのなかに組み入れられることになりました。

ヨーロッパにおける委託代理商'commission agent'

次にヨーロッパ商業史の観点からの議論をしてみます。

商業史研究で欠かせないものに、委託代理商'commission agent'があります。Cambridge英語辞典には、「'commission agent'企業の製品（products）を販売し、商品代金の一部を受け取る人」と書かれているのですが、これは正確な説明ではないように思われます。それは、企業の「製品」を販売するとはかぎらないからです。しかも、代理商とは、「つなぐ人」であることが正確には理解されていないように思われます。

具体例をあげましょう。ポルトガルでとれた塩の販売のためスウェーデンで委託代理商を雇ったとします。この場合、企業が製造したものを販売するということではないのです。それは委託代理商は、商人と商人をつなぐことで、手数料をえている人だからです。

文明と文明をつなぐ人々がいるように、商人と商人ないし消費者をつなぐ人もいます。それが、委託代理商なのです。

委託代理商の誕生は、ヨーロッパの商業形態の変遷と関係しています。遠隔地商業に従事する商人の活動形態が、「遍歴商人」から定着商人へと変化したことと大きく関連するように思われます。

11〜12世紀頃の北ヨーロッパで活躍していたハンザ商人は、自ら商品を携えて取引相手の居住地を転々とする「遍歴商人」でした。遍歴商人のギルドは武装能力を備えた人々から構成され、商業旅行をするときには相互に援助していました。この当時は、国家の軍事力はあまり強くはなく、商人は武装しなければ、誰に襲われるかわからなかったからです。

ところが13〜14世紀になると、実務を使用人に任せ、自分は本拠地に定住し、指示を出す「定着商人」へと変わっていきました。商人は都市に住みつき、遠隔地まで赴くことはなくなったのです。彼らが取引する商品も穀物、海産物、織物類、木材などと非常に幅広くなり、それにともない商人が常に個別の取引に立ち会うことは不可能になっていったからです。そこで、取引相手と手紙を使って通信する必要性が生まれてきました。これは、商業圏が拡大したからこそ生じた現象でした。

12世紀中頃までは、読み書きができないハンザ商人のために、聖職者が商業文書の執筆を代行していました。しかし、商人は、やがて自分で商業文書を作成するようになり、商人と聖職者の関係は商業界では薄れていくことになります。

委託代理商は、どれほど遠隔地であっても、商人が直接取引するかぎり必要ではありません。ですが、商人がいつも直接取引相手と会わなければならなかったなら、取引量の増加は不可能になります。したがって商人は、自分以外の誰かに商売を任せなければなりませんでした。そこで委託代理商が誕生したと考えられます。そしてここに、コミッション（手数料）が誕生したと推測されます。

ヨーロッパ史において、委託代理商がさらに重要になる時代がやってきました。ヨーロッパの対外進出です。ヨーロッパ以外の地域と取引するなら、商人が遠隔地に住む取引相手と直接会うことなど、不可能だからです。

異文化間交易と委託代理商

ヨーロッパは、対外的拡張を遂げ、取引地域を増やしていったために、取引をする商人の文化圏が拡大していきました。ヨーロッパ人は、これまで以上にさまざまなタイプの商人との商業取引を実行するようになっていったのです。そこで活躍したのが、委託代理商だったのです。

中世ヨーロッパの経済的先進地帯であったイタリアは、アジアから胡椒・香辛料を輸入することで大きな利益をあげていました。これらの商品は、東南アジア→オスマン帝国→イタリアという経路でヨーロッパに流入していたのです。

このような経路での商品輸送において、イタリアが占めた地位は決して大きなものでなかったことはすでに述べました。イタリア商人はアジアからヨーロッパへと通じる交易圏での異文化間交易で、マイナーな役割しか果たしていなかったのです。

しかし、ヨーロッパ商業が拡大したことは紛れもない事実であり、そのために委託代理商が増えていったと考えるのは当然のことなのです。中近世のイタリア商業は明らかに為替取引を増やし、そのたびに銀行業が活発になっていったのです。中世において、銀行は為替取引のたびに機能していたことを忘れてはいけません。

近世のあいだに、ヨーロッパは世界各地で取引をするようになりました。そのため、多数の委託代理商を使用するようになったのです。そのコミッションとして、20パーセントということは珍しくなかったように思われます。これは一見とてつもない手数料であるように思われるかもしれませんが、商取引に付随するリスクを考えるなら、決して高額ではないでしょう。

この頃の委託代理商は、特定の人たちのために働きました。そして、一回の取引ごとにコミッションをえました。一人の代理商が何人の商人のために働いていたのかはわかりませんが、その利益には大きな限界がありました。200〜300人の商人の代理商となることはそもそも不可能だからです。

同じことは、近世ヨーロッパの商人にもあてはまります。たとえコミッションレートが高かったとしても、一回の商行為に長い時間がかかり、しかも遠隔地との商行為のリスクは高かったのですから、委託代理商はそれほど儲からなかったといえるのかもしれないのです。しかしその様子は、電信の誕生で大きく変化することになります。

電信の発展

電信は、一般にはエドワード・モースが発明したと思われていますが、現実には、モースが発明者と断言することは困難です。発明者は別として、19世紀中頃から、電信は通信のために積極的に使用されることになります。

初期の電信が伝えられる情報の量は非常にかぎられていました。けれども、送られる情報の量は増え、電信なしでは事業活動を遂行することが不可能になっていったのです。

1851年には、海底ケーブルでドーヴァー海峡を、そしてイングランドとアイルランドが結びつけられました。

ドーヴァー海峡で海底ケーブルを敷くために、当初は電信を麻で何重かに巻き、それにタールを染み込ませて海水の浸透を防ごうとしました。しかし、それではすぐに使えなくなってしまい、失敗します。絶縁性が確保できなかったからです。

この難題を解決したのが、マレーシア原産で熱帯の木から産出されるガタパーチャというゴムに似た固体の素材でした。これは、現在ではもっとも頻繁に使用される歯科用材料です。ガタパーチャは、シンガポール経由でイギリスに持ち込まれました。ガタパーチャは、海底の高い圧力のなかでも、低温の海底でも、ゴムと違って長年にわたり可塑性がありました。

そのため、海底ケーブルで使われることになったのです。ガタパーチャが発見されたのはイギリスが帝国を形成していたからであり、またガタパーチャの使用により、大英帝国は、そして世界は、凝集性を高めていったのです。

1851年には、イギリス―オランダ間、イギリス―ドイツ間にケーブルが敷かれました。1857年には、オランダ、ドイツ、オーストリア、サンクト・ペテルブルクと電気による通信がなされました。また、地中海では、フランス・イタリア政府のためにいくつかのケーブルが敷かれました。

けれども、大西洋海底ケーブルはなかなか敷設できませんでした。そもそも大西洋の水深は平均で5000メートルに達するほど深いのです。大きく、巨大な蒸気船を使わなければ、海底ケーブルは敷設不可能です。その大西洋ケーブルの敷設には、イギリスとアメリカが協力しました。そうして、実用可能な海底ケーブルは、1866年に敷設されました。

日本の長崎に海底ケーブルが到達したのは1871年のことでした。1902年に、太平洋ケーブルボードがオーストラリアとニュージーランドに海底ケーブルを敷設しました。そして1903年には、サンフランシスコからホノルルをへて、マニラへとケーブルをつないだのです。これで、世界中が電信で結ばれることになったのです。

電信によって、われわれは、人間の移動よりも情報の移動の方が速い世界に突入したのです。それ以前は、徒歩であれ、馬であれ、帆船であれ、伝えられる情報は人間が直接もって移動したのです。ですから、情報の移動スピードは人間のそれと同じでした。それが、情報のスピードの方がずっと速い世界に突入したのです。したがって、電信網の誕生は、まさに現代社会の誕生だったといえるでしょう。

また電信の敷設には、巨額の費用がかかりました。一人の商人、一つの商会では到底調達できないほどの巨額の資金が必要でした。さらに、海底ケーブルさえも敷設されました。それを賄えるほどの機関は、国家しかありませんでした。情報の伝達に、国家が大きく関与することになったのです。そのため、国際貿易商人は、国家に従属しながら商取引をするほかなかったのです。

世界の情報通信において、それ以前と決定的な違いをもたらしたのは、電信でした。この事実は、きわめて重要です。以前なら、人間が徒歩や馬に乗って情報を伝えていたので、人間の移動スピードよりも情報が速く伝わるということはなかったのが、電信によりヒトの移動より情報の伝達スピードの方が速くなったからです。

電信は、アメリカの歴史家ヘッドリクによって、「見えざる武器」と呼ばれるほど、きわめて重要な武器でした。電信の発展は、19世紀ヨーロッパの対外進出とともにおこりました。したがって電信は、ヨーロッパの世界支配のあり方とも大きく関係していました。

電信と覇権

電信により、世界各地がたちまちのうちに結びつけられました。イギリスが、圧倒的な情報の優位者となり、それを利用して金融上の支配者となったのです。

イギリスの電信網には、多数の異文化間交易圏が含まれました。それ以前なら、弱い紐帯しかなかったそれらの交易圏が、電信によって統合されることになりました。もちろん、イギリスに強固に結びつけられた地域もあれば、電信の影響が弱く、さほどではなかった地域もあったでしょう。ともあれ電信によって、異文化間交易が非常に簡単になり、商業取引のコストが大きく下がったことは間違いありません。

海底ケーブルは、おおむね近世の国際貿易商人のルートに沿って敷かれました。すなわち、アジア商人が開拓し、ヨーロッパが利用したルートに沿って、海底ケーブルが敷設されたのです。

ヨーロッパの海運業と電信は、同時並行的に発展し、その中心に位置したのが、イギリスです。19世紀末に電信網が世界を覆うようになると、多少の差異はあったにせよ、同質の商業情報が、どこでも同じような価格で、あまりタイムラグなく入手できるようになります。当然、それによりビジネスが急成長します。

国境を越え、国家から自由な商業活動に従事していた商人は、国家ないし国家がバックアップしたインフラなしでは商業活動を続けることはできなかったのです。

さらに、電信を利用して決済がなされました。電信の登場以前であれば、手形が振り出された都市から、それが引き受けられる都市へは、何日、何十日、場合によっては、百日以上の日数がかかりました。

だが、電信はそれを一挙に縮めたのです。19世紀末から20世紀初頭のイギリスの経済力は、この点を無視して語ることはできません。アジアとヨーロッパは、電信により直接つながったのです。

アジア域内交易の発展は、欧米の蒸気船によって商品が輸送されたことも一因だということは、すでに述べました。アジア域内交易に関してはどこまでロンドンで決済されたのかということは明確にはいえないのですが、ある程度はロンドンでなされたものと思われます。アジア域内交易が増えるほど、イギリスの利益が増加するという仕組みになっていたことは確実です。

19世紀末のイギリスは世界最大の工業国ではなくなり、その地位をアメリカやドイツに譲りました。しかし、イギリスはその海運力、そして金融力により世界経済の覇権国家になりました。世界経済が成長すればするほど、取引量は増え、ロンドンでの決済は増加しました。この点が、非常に重要です。

ロンドンには、そしてイギリスには、巨額のコミッションが流入してきました。一回の取引で入手できるコミッションレートは、それ以前と比較するとずっと低かったのです。ところが、取引回数が大幅に増えたため、入手可能なコミッションの総額はずいぶんと増えました。しかも、それは確実に入手されるようになりました。これは、コミッション・キャピタリズムの重要な特徴です。

電信が誕生する以前のコミッションも、誕生してからのコミッションも、一回の商行為ごとにとられます。コミッションレートは、前者より後者の方がずっと低いのです。しかし、近世の貿易商人が一回の商行為に必要とする日数は非常に多かったのです。電信によって、世界史は大きく変化したのです。

電信は、今もなお国際的な商行為の主要な決済手段の一つです。20世紀初頭に世界中を覆った電信による収入はきわめて多く、イギリスには、信じられないほど巨額のコミッションが流入することになりました。そして、大英帝国は金融の帝国になりました。世界中が電信による金融ネットワークで結びつけられるようになり、大英帝国はそれによって維持されたのであり、その影響はいうまでもなく現在でも強いのです。

電信決済とは、一つのプラットフォームです。世界経済に参加しようとすれば、国際ビジネスで決済をしようとすれば、ロンドンの金融市場を使うほかないのです。形があるモノの取引は、形のないインビジブルな電信によって決済されました。

世界の誰もが利用するプラットフォームをつくりあげ、そのメンテナンスをする国が覇権国家となります。資本主義社会において、プラットフォームとはいわば賭博場であり、そこに参加する人たちは胴元にコミッションを支払わなければなりません。

ときに巧妙に、コミッションを支払っているということすら意識させられなくなります。19世紀末においては、それが電信でした。

フランスの飛行士・小説家であるサン＝テグジュペリがいうように、「大切なものは目に見えない」ということなのかもしれません。むろんいうまでもなく、彼がいったこととは、まったく違った意味で「目に見えない」のです。しかし人々が知らぬ間にコミッションを支払わされ、覇権国の繁栄に貢献するのです。イギリスは、まさに世界史上有数のしたたかな国だったといえるでしょう。

それが、コミッション・キャピタリズムの特徴なのです。

第10章 中国は覇権を握るのか？

民主主義の勝利か？

1991年に、ソ連が崩壊し、ヨーロッパの社会主義は終焉を迎えました。そのため民主主義が勝利を握り、政治体制を破壊するほどの戦争やクーデターのような歴史的大事件はもはや生じなくなると、フランシス・フクヤマがその著書『歴史の終わり』で主張しました。

しかし、そうはなりませんでした。

現在、世界経済において存在感を大きく増しているのが中国であることは間違いありません。その体制が民主主義であるとは、誰も思っていないでしょう。

また、2022年2月にロシアがウクライナを攻撃してから、明らかに世界は変化しました。ロシアと中国の連合という可能性が明確になったのです。

両国とも、資源大国です。ロシアには大量の石油、天然資源、ダイヤモンド、中国にはレアアースが埋蔵されています。ロシアと中国は一枚岩ではありませんが、中露の権威主義体制が連合すれば、自由主義諸国に大きな脅威を与えることは間違いありません。まるで、モンゴル帝国の再来であるかのようにさえ思えます。

さらにまた中国は、一帯一路政策を推し進めています。それはいったい、どういう意味があるのでしょうか。

中国の再興

すでにこれまでの諸章で、1500年から1800年頃までのどこかの時点で、ヨーロッパ経済の水準が中国のそれを上回ったと主張してきました。換言すれば、非常に長期間にわたり、いやおそらく有史以来、中国の経済水準は、少なくとも1500年頃以前までは、ずっとヨーロッパよりも高かったのです。

中国の衰退が誰の目にも明らかになったのは、アヘン戦争でイギリスに敗北し、南京条約を結ばされた1842年のことだったと思われます。中国は、それからかなり長いあいだ、なかなか長期的な経済成長ができないでいました。日本との戦争、文化大革命による混乱の時代をへて、1990年代あたりから、経済成長率が目に見えて、長期的に高まったということができるでしょう。その中国は最近、一帯一路政策を推進しています。

これで、中国経済は大きく成長し、かつてのような繁栄の時代を迎えることができるのかということが、非常にホットなテーマとなっています。

一帯一路

２０１３年、習近平国家主席が、「シルクロード経済帯」と「21世紀海のシルクロード」を含む「一帯一路」構想を正式に検討することを提案しました。

これは、ユーラシア大陸全体におよぶ物流システムの再構築を意味します。ユーラシア世界の物流が、陸上ルートと海上ルートで中国を中心として結合されたのです。そのルートは、中国西部―中央アジア―ヨーロッパを結ぶ「シルクロード経済帯」（一帯）と、中国沿岸部―東南アジア―インド―アフリカ―中東―欧州と連なる「21世紀海上シルクロード」（一路）からなります。

アジアのインフラ建設および「一帯一路」への融資をするために、アジアインフラ投資銀行（ＡＩＩＢ）が、２０１６年1月に創設されました。

このうち海上ルートは、鄭和が遠征したルートとほぼ同じであり、陸上ルートは、ユーラシア大陸の交易で使用された商業ルートと重なっています。

シルクロードとは、国家が関与したとはいえ、本質的には商人が自発的に形成したルートでした。陸上ルートであれ、海上ルートであれ、同じことです。陸上ルートに関しては、こんにちと比較するなら、決して流通量は多くはなかったのです。その陸上ルートにおいてさえ、膨

図10-1 | 一帯一路のルート

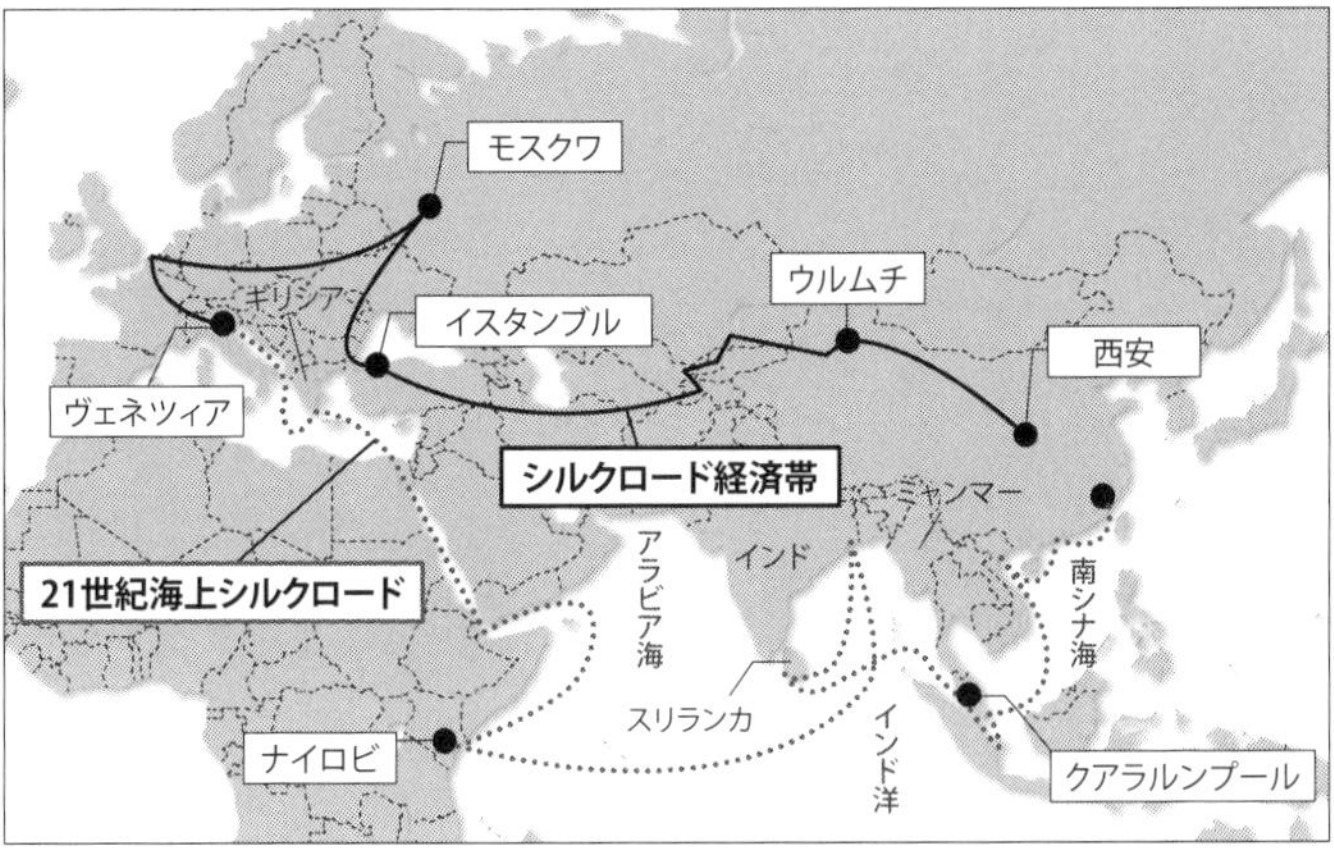

参考：https://thepage.jp/detail/20150511-00000006-wordleafをもとに作成。

大な量の商品を輸送することを考えているのです。

しかも、そこに中国という国家が大きく関与しています。それは、中国ではずいぶん昔から国家が経済に介入し、経済を成長させてきたからではないでしょうか。

つまり、国家が積極的に物流に関与するということを中国はおこなおうとしているのです。これは、明代以前の政策への回帰と考えることができるでしょう。

フランスの歴史家フェルナン・ブローデルは、かつて「長期持続」という概念を提唱しました。これは、長年にわたって変化しない歴史、具体的には地理的な歴史を指します。しかし、中国の経済政策もまた、長期持続とみなすことができるのです。

ＡＩＩＢと一帯一路

ＡＩＩＢの創設メンバーは、57カ国でした。２０１９年８月には74の州と地域が加盟し、２０２３年９月には１０９カ国に達しました。この数字の増加は、中国の存在感の高まりを示しています。ＡＩＩＢの融資額は、２０２１年１月までに２２０億ドルに達しました。ＡＩＩＢは、中国の経済的、財政的、政治的地位の向上のために機能しています。これは少し以前まではうまくいっていたように感じられる面もあったのですが、最近では、やや翳りが見られます。

ほぼ確実に、中国の究極の目的は、ユーラシア（中国が支配する地域）を大西洋横断地域（アメリカが支配する地域）に匹敵する経済および貿易地域にすることです。ＡＩＩＢの目的は、インフラその他の生産的セクターに投資し、地域の協力・連携を推進することで、アジアの経済発展を促進することとされています。

中国はＧＤＰでは世界第2位ですが、既存の国際金融機関においてはアメリカを中心とする先進国が主導しているので、経済規模に見合った発言力が与えられていないと考えています。ＡＩＩＢの創設により、発言力を高めようとしているのでしょう。

ＡＩＩＢはまた、一帯一路への投資のために機能しています。しかも、日本を中心とするアジア開発銀行ＡＤＢに対抗しようと考えていると思われます。

一帯一路政策は、（1）エネルギー、（2）安全、（3）市場の三つに分類されます。それによって、関連する多数の輸送路と港湾設備が、貿易を促進し、安全面を改善し、市場を拡大させると考えられます。

これは、中国政府が代々とってきた朝貢貿易システムとはまったく異なるシステムを採用したということなのです。中国は、海運業を重視せず、商品は朝貢国の船で輸送されることになったことが中国の大きな弱点となったことはすでに論じましたが、それとは違う政策なのです。

一帯一路は、中国の指導部がどこまで認識しているかは別として、冊封体制という中国の伝統的流通システムからの脱却を意味します。

中国は一帯一路により、覇権国家になろうとしているように思われます。

一帯一路に対抗するため、故安倍晋三元首相は、「自由で開かれたインド太平洋戦略」を発表しました。「自由で開かれたインド太平洋」に関しては、外務省のホームページに次のように書かれています。

インド太平洋地域は、海賊、テロ、大量破壊兵器の拡散、自然災害、現状変更等の様々な脅威に直面。このような状況下において、日本は、法の支配を含むルールに基づく国際秩序の確保、航行の自由、紛争の平和的解決、自由貿易の推進を通じて、インド太平洋を「国際公共財」として自由で開かれたものとすることで、この地域における平和、安定、繁栄の促進を目指す。

一帯一路とインド太平洋構想の政策の違いは、一帯一路が陸地と海域の両方を含んでいるのに対し、インド太平洋構想は、海域をめぐる構想戦略だということです。この違いは、中国と日本の歴史的・地理的相違を、明確に物語っているでしょう。

大衆消費社会から金融社会へ

ここに述べた中国の政策は、いうまでもなく、現在の政治・経済状況から出てきたものです。中国が覇権国家になれるかどうかは、それをうまく利用し、多くの国が中国の利益に貢献できるシステムを形成できるかどうかにかかっているように思われます。

現代社会を見ていくうえでの重要な観点として、「格差社会」があります。中国は、農村部が貧しく沿岸部が比較的裕福であり、格差社会の代表とさえいって過言ではないような国です。格差問題を扱った有名な本に、2014年に上梓されたトマ・ピケティの『21世紀の資本』（山形浩生・守岡桜・森本正史訳、みすず書房）があります。

これは、当時大きな話題となった書物です。ピケティの主張は、「資本収益率（r）が経済成長率（g）よりも大きければ、富の集中が生じ、格差が拡大する。歴史的に見るとほぼ常にrはgより大きく、格差を縮小させる自然のメカニズムなどは存在しない」ということに尽きます。

『21世紀の資本』は、300年にもおよぶ経済史の研究書です。この間に、世界はイギリスの第一次産業革命、ドイツとアメリカの第二次産業革命、世界恐慌、IT革命、リーマンショックなど、たくさんの出来事を経験しました。そのすべての経済現象を、「r＞g」という数式でまとめることは、そもそも無理だと思うのです。

企業の収益はGDPよりも大きく増加するので、企業が手にする富は労働者が稼ぐ賃金よりも多くなるため、労働者の賃金よりも、資本家のもつ富は増え、格差はますます広がることになるというピケティの議論に対しては、所得の再分配さえうまくいけば、解決されることではないのかという疑問が湧きます。むしろ、世界経済の構造転換こそが、ピケティのいう格差社会誕生の大きな要因とするのが妥当でしょう。

では、長期的には格差が縮小していたにもかかわらず、比較的最近になって格差が拡大したのはそもそもなぜなのでしょうか。

人々は、非常に長い間、消費財が豊富になることが生活水準の上昇を示す社会に生きてきました。たとえば近世のヨーロッパでは、茶、コーヒー、砂糖などの消費財が普及することで、人々は暮らしが豊かになったと実感できました。

ヨーロッパは、元来中国よりも貧しい地域でした。ヨーロッパの方が高緯度に位置し、植生が貧しいというのが、その最大の理由です。ヨーロッパが豊かになるためには他地域から食料を輸入する必要があったことを、忘れるべきではありません。ヨーロッパ人はより豊かな生活をするために、家計ではなく、市場経済での労働時間を増やしたとするのが妥当でしょう。これが勤勉革命の実態でした。

戦後の日本では、三種の神器といわれた白黒テレビ・洗濯機・電気冷蔵庫、さらに新三種の神器といわれたカラーテレビ・クーラー・自動車が耐久消費財として購入され、日本人の生活の豊かさの上昇に大きく貢献しました。

世界は、少なくとも先進国においては、消費社会から大衆消費社会へと移行しました。そして現在では、金融社会といえる状態になっています。おおまかにいうなら、世界経済は、消費社会、大衆消費社会、そして金融社会へと変化したのです。大衆社会から金融社会への転換は、世界経済が、モノを中心とする社会から金融社会へと変貌したことを意味するのです。

消費社会の形成

近世ヨーロッパの生活水準が上昇したのは、新世界を「発見」し、そこからコーヒーや砂糖を、さらにアジアからは茶を輸入したためでした。

ヨーロッパ人の食卓には、それまで見たことがなかった食品が並びました。摂取カロリーが少なく、到底豊かとはいえない生活をしていたヨーロッパ人にとって、砂糖は、重要なカロリーベースを提供しました。18世紀のヨーロッパにとって、砂糖産業こそがもっとも重要な産業であり、そのほとんどはブラジルとカリブ海地方の島々から輸入されていました。新世界との関係を強めることで、ヨーロッパ人の生活水準は上昇したのです。

当初、砂糖を購入できた人々は上流階級に属していました。しかし、砂糖価格が低下すると、多くの人々が消費する商品に変わったのです。ヨーロッパ人は、新世界やアジアの商品を購入するために一生懸命に働き、所得水準は上昇し、所得格差は縮んでいきました。

大衆消費社会の誕生

大衆消費社会とは、多くの人々の消費水準が上昇する社会を意味します。より正確にいうなら、多数の人たちが、耐久消費財を購入する社会を意味するのです。大衆消費社会は、まずアメリカで生まれました。アメリカはもともと国土の大きさと比較して労働者数が少なく、労働者の賃金は上昇傾向にありました。世界で最初の大衆消費社会になったのがアメリカであったのは、そのような背景があったからです。

1928年アメリカ合衆国大統領に当選したフーヴァーは、「永遠の繁栄」をうたいました。1920年代のアメリカでは、自動車、アイロン・洗濯機・冷蔵庫・ラジオなど家電製品が普及しました。これらの耐久消費財をより多く購入した人々が、ミドルクラスへと上昇したのです。

すなわち所得水準が上昇し、ミドルクラスが増え、所得が比較的平等な社会が誕生し、そのために社会が安定したのです。ただしこの繁栄は長続きせず、1929年の大恐慌の発生により、実際には「かりそめの繁栄」にすぎないことが、明らかになってしまいました。

比較的豊かな人々が増えると、その国は安定します。人々が保守的（反動的ではなく）になり、極端な変化は望まなくなるからです。消費社会や大衆消費社会では、それは比較的容易でした。社会は、非常に長期間にわたり、そのようにして成長してきたのです。経済成長とは、平等化の過程でした。

アメリカでは、すでに1908年にヘンリ・フォードがT型フォードを販売することにより、モータリゼーションの時代がはじまりました。さらにゼネラルモーターズ（GM）は、多数の車種を揃え、所得の上昇に応じて消費者が自動車を買い換えるというシステムを形成するようになりました。そのため人々は、より高額のサラリーをえるために長時間会社で働いたのです。

戦後世界は、少なくとも先進国においては、社会はこのような仕組みをベースとして形成されるようになりました。人々はより多くの耐久消費財を購入するために働き、豊かになったのです。その結果ミドルクラスの人々が増え、所得水準は平等になっていったのです。ピケティは、この点を見逃しているのではないでしょうか。そのため、平等な社会から格差社会へと変貌した理由を説明できていないのです。

金融社会の生成

1973年に第一次石油危機が、1978〜79年に第二次石油危機が勃発すると、世界経済は大きな転換を余儀なくされました。ちょうどその頃に出現したのが、ネオリベラリズム（新自由主義）という考え方です。それは、できるだけ多くの経済活動を市場にまかせ、小さな政府を目指すという考え方であり、それまで国営企業を増やしていた西欧の政策とは正反対のものでした。

賃金の格差は、能力の格差ということで正当化されました。世界経済のウェイトは、製造業から金融業へと、明らかにシフトしていきました。その中心となったのが、アメリカとイギリスでした。すなわち、アングロサクソンが、この方面でイニシアティヴを握ることとなったのです。

イギリスには、現在、これといった製造業はなく、一番活発なのは、金融業です。2013年の時点で、イギリスは、アメリカに次いで、世界第2位の直接投資国でした。イギリスの直接投資額は1兆8850億ドルです。それに対しアメリカの直接投資額は6兆3500億ドルなので、イギリスの直接投資額は、アメリカよりずっと少ないのです。けれども、国民経済に占める比率の点では、イギリスの方が多いのです。ロンドンの金融街シティは、ニューヨークの金融街であるウォール街以上に、外国に開放されているといえるのです。

しかも、タックスヘイブンの代名詞ともいえ、カリブ海に位置するケイマン島、さらにはイギリス領ヴァージン諸島がイギリス国王を君主とする自治領です。正確にいえば、王室属領になりました。

王室属領とは、イギリス（正確にはグレートブリテン及び北アイルランド連合王国）には含まれず、イギリスの国王（the Crown）に属し、高度な自治権をもった地域を指します。内政に関してはイギリス議会の支配を受けず、独自の議会と政府をもっており、しかも、海外領土や植民地と異なり高度の自治権を有している地域なのです。EUにも加盟していません。そのためイギリスの法律や税制だけではなく、EUの共通政策さえ適用されないのです。外交及び国防に関してはイギリス政府に委任しており、主権国家とはいえません。このような、法的にいわばグレーな地域であり、タックスヘイブンに適した地域だといえるでしょう。タックスヘイブンとは、大英帝国の遺産といえるでしょう。

カリブ海の島々の一部は、砂糖の生産地からタックスヘイブンへと変貌しました。それは、かつてイギリスの植民地だったからです。

OECD租税委員会の調査によれば世界のタックスヘイブンリストにある地域のうち、22がイギリスに関係しています。これは、大英帝国が世界中に植民地をもっていた遺産です。イギリスの金融のノウハウは、現代社会のマネーロンダリングに活かされているのです。大英帝国は、領土的にはなくなりました。しかし、金融面ではまだ機能しているのです。

格差社会はなぜ生まれたのか

世界は、具体的なモノを中心とする経済から、マネーというヴァーチャルな財を中心とする経済へと移行しました。すなわち、現代社会では、GDPに占める金融業の比率が高まっているのです。

ここ数十年間で、金融部門は、世界経済のなかでの役割をますます増加させました。金融部門が、巨額の利益が出る部門であることは確かです。金融部門がどの程度GDPに寄与しているのかはわかりませんが、寄与度が過大評価されているように思われます。

しかもEUでは、メガバンクが巨額の利益をタックスヘイブンに送金し、本来支払う税金を払っていない可能性も十分にあります。GAFAM（グーグル、アップル、フェイスブック、アマゾン、マイクロソフト）などのIT企業は、タックスヘイブンを利用することで、製造業よりも実効税率は低く抑えられています。

タックスヘイブンを利用できるのは、大金持ちと大企業です。彼らの実効税率は低くなり、その分、一般の人々が支払う税金は増えます。消費社会から大衆消費社会になることでミドルクラスが増え、比較的平等な社会が誕生しましたが、金融社会の誕生によりミドルクラスは消滅し、不平等な社会が生まれつつあります。さらに悪いことに、この問題を解決する適切な手段は、今のところ見つかってはいないのです。

格差社会の存在は、このようなことを考慮しないと説明できないように感じられます。会社は支払うべき法人税を支払わず、富裕者が支払うべき所得税を支払わないなら、一般の人々が代わりに税を払うほかないからです。

ここからおわかりいただけるように、格差社会とは、金融社会の誕生と大きく関係しているといえます。ピケティは、そのようなことに気づいていません。彼は、世界の経済構造の変化に、あまり注目していないのです。そのため、格差社会の誕生に関して、誤った見方を提示したと思われるのです。

現在のコミッション・キャピタリズム

イギリスのコミッション・キャピタリズムは、19世紀末〜20世紀初頭にかぎられた現象ではありませんでした。それは20世紀も終わり頃になって、ふたたびあらわれたのです。

世界経済の成長率が高かった1950年代から1970年代にかけて、世界の不平等性は低下していったのですが、1980年代になると、GDPに占める金融部門の比率が高まる金融化社会が誕生することで、不平等性が増大しました。

ピケティはマルクス主義経済学者ではないのですが、彼の分析手法は、マルクスに通じるものが多いことは事実です。そこでマルクス主義経済学の用語を用いて説明するならば、以前は工業によって労働者の搾取が生じていたのが、現在では金融によって一般の人々が搾取されているということになります。

1986年にイギリスのサッチャー首相が採用した金融の自由化＝金融ビッグバンは、世界中で採用されることになりました。そのためもあり、世界の金融市場は一体化し、資本の移動はより容易になりました。タックスヘイブンが増加し、租税回避行動の頻度は増しています。租税回避ができるのはほぼ金持ちにかぎられるので、所得や富の格差は拡大することになりました。それを正当化したのが、貧富の差は能力の差だという新自由主義でした。

世界では所得と富の格差が拡大しつつあり、そのなかで、新冷戦が生じつつあるのです。以前の冷戦の時代には、所得格差はむしろ縮小していました。しかし現代は、ロシアも中国も、アメリカもヨーロッパ諸国も、タックスヘイブンが容易に利用できるようになっています。「冷戦」であれ「新冷戦」であれ、どちらも政治的な対立をあらわす用語です。それに対し、経済的には、世界は一つです。

冷戦時代には、経済力は圧倒的に資本主義陣営の方が強かったのです。社会主義国の経済成長率はたしかに高かったのですが、そもそももとになる数値が低かったのです。

マルクス経済学は、19世紀後半のイギリス経済をもとにした経済学であり、この時代には鉄鋼業が発展していました。そのためマルクス経済学は生産財を重視し、消費財は軽視されがちであったと思われるのです。その結果、社会主義国の生活水準は資本主義国ほどには上昇しなかったのです。

新冷戦では、ＩＴを通じて世界は金融面でも一体化しており、中国もロシアもタックスヘイブンを利用できます。そのためのインフラを提供しているのは、アングロサクソンだといえるでしょう。そういう意味で、世界経済は一つになっているのです。

中国は覇権国家になれるのか

現代社会で覇権国家があるとすれば、それはアメリカです。アメリカの覇権は、基本的には環大西洋経済をベースとしているといってよいでしょう。アメリカとイギリスの経済関係はなお強く、金融面を見るなら、英米のプレゼンスはきわめて大きいといわざるをえません。

これに対抗する形で現在浮上しているのが、ロシアと中国のユーラシア連合です。中国は、世界最大の貿易立国であり、アメリカよりも中国との貿易額の方が多い国はたくさんあります。中国の一帯一路政策に投資しているＮＡＴＯの加盟国も多数あります。もちろん中国とロシアは、一枚岩ではありません。

また、中国が多数の国と巨額の貿易をしている以上、人民元が世界の基軸通貨となる可能性はあまり高くないとしても、あるといわざるをえないと思います。少なくとも、上海が、世界の金融市場の中心の一つになる可能性を否定することは、おそらくできないのではないでしょうか。

中国は東南アジア・東アジア諸国に、ロシアはバルト海地方の諸国に、大きな軍事的脅威をおよぼしています。また、シベリアと中国には、多数の資源が眠っています。それが彼らの強みであり、西欧諸国は、ロシアからの石油の購入をストップするなら、中東の石油を購入しなければならず、そのこと自体が世界に別のリスクをもたらすかもしれません。

中国はすでに香港を政治的に制圧したため、香港の金融市場も、中国に従属してしまうかもしれません。もしそれに成功すれば、中国の金融力はより大きくなります。

世界金融は、ＩＴによって強く結びつけられています。すると、ちょうどオセロゲームで黒が白に、白が黒にあっという間に変わってしまうように、イギリスが形成し、現在はアメリカがもっている金融機能の中枢部を、中国は自分のものにしてしまうことができるかもしれないのです。さらにそれが、中露のユーラシア連合と関係するかもしれないのです。

アングロサクソンが築き上げた枠組みを利用し、自動的にコミッションが入る新しいシステムの構築に成功したとき、中国は覇権国家になるのでしょう。

ですがそれには、持続的経済成長が続くという前提があります。経済成長がなくなったとすれば、そういうことはなくなるということを、忘れてはならないと思います。しかしそれは、われわれが当然の前提としている経済システムが崩れたときにはじまるのです。

終章

持続的経済成長とコミッション・キャピタリズム

持続的経済成長は続くのか

中国とヨーロッパの比較という試みは、世界経済がまさに一つになった現在では、なかなか困難になりました。そもそも、この二地域は別々の行程を歩んでいるのではなく、渾然一体としたグローバル経済のなかで、別々ではあっても、相互に強く関連した機能を果たすようになっているからです。

私は、『戦争と財政の世界史――成長の世界システムが終わるとき』（東洋経済新報社、2023年）において、持続的経済成長の時代が終焉を迎える可能性を示唆しました。

アメリカの社会学者イマニュエル・ウォーラーステインが提唱した近代世界システムは、16世紀から17世紀にかけて、オランダを中心とした北西ヨーロッパに生まれたシステムであり、その特徴として持続的経済成長と支配=従属関係があります。経済はずっと成長し続けるが、それは特定の地域に限定されるものです。ある地域が繁栄するから、別の地域がそれに従属するというのです。

「持続的な経済成長」を前提とする社会は、絶えず利潤を生み出さなければ存続できないのです。それが、われわれが生きている資本主義社会なのです。ウォーラーステインによれば、資本主義社会の特徴は飽くなき利潤追求にあり、資本主義社会が存続するためには、次々に新しいマーケットを必要とします。企業は新しい商品を製造し、サービスを提供し、新規の顧客を獲得する。それによりえられた利潤が会社の内部に留保され、新規の投資のために使われ、労働者に分配されます。

ヨーロッパが世界各地に拡大したのは、近代世界システムが誕生したからです。

近代世界システムによれば、先進的な工業地域が中核となり、そこに第一次産品を供給する周辺、さらにそのあいだにあり両者の緩衝地域となる半周辺が誕生していました。中核は、周辺と不等価交換をし、周辺を収奪するという仕組みが形成されるのです。これは、工業を基軸とする支配＝収奪関係のことを意味するのです。

マルクスは資本家が労働者を収奪すると考えたのに対し、ウォーラーステインは、工業国が第一次産品輸出地域を収奪したとします。それは、ヨーロッパ世界が拡大することによって実現されたのです。したがってウォーラーステインの分析の単位は、基本的に国家となります。

ウォーラーステインは、覇権（ヘゲモニー）国家という概念を用いています。覇権国家とは、工業・商業・金融業のすべての面で他国を圧倒する国のことです。この三つで他国・他地域を圧倒するということはきわめて難しく、比較的短期間に終わります。

歴史上、覇権国家は、17世紀のオランダ、19世紀後半から第一次世界大戦勃発までのイギリス、第二次世界大戦後からベトナム戦争の頃までのアメリカの三つしかありません。

新規のマーケットの拡大と持続的経済成長を前提とし、北西ヨーロッパに生まれた近代世界システムは、やがて世界全体を覆い尽くすことになりました。

それは、ウォーラーステインの説とは異なり、ヨーロッパ諸国が、自国の船で世界各地に進出し、流通ルートを確保していったことが、大きな要因になりました。中国も、そのシステムのなかに組み込まれています。

世界経済は、19世紀末には電信で、20世紀末から21世紀にかけてはITの発展により、急速に結び付けられ、しかもその結合度は、かなり強くなっています。世界のすべての地域は、金融面での一体化を強固にしました。16世紀のオランダではじまった持続的経済成長は、まさに世界経済を一つのものにしたのです。

持続的経済成長は果たして続くのでしょうか。中国の覇権は、近代世界システムとどう関連しているのでしょうか。ここでは、そういうことについて述べてみたいと思います。

肥大化する金融の重要性

ウォーラーステインが見逃していたのは、金融の重要性です。国内総生産（GDP）とは、一定期間内に国内で生み出された付加価値の総額のことですが、じつはこの計算はこれまで3回にわたって改定されているのです。

GDPの計算の基盤をなす国民経済計算（SNA）が誕生したのは、1953年のことでした。それから、1968年、1993年、2008年と、3回改定されているのです。そのたびに、SNAのマニュアルのページ数は分厚くなっていったのです。SNA1953は57ページ、SNA1968は253ページ、SNA1993は838ページ、SNA2008になると減少したのですが、それでも722ページもあります。これほど分厚いマニュアルを適切に使うことは、そもそもかなり難しいはずです。

このようにマニュアルが分厚くなったのは、そもそもGDP自体が一定の計算手法にもとづいた経済統計ではなく、多様な資料からとられた統計を使用するものだったのも、大きな理由です。GDPには、それぞれの数字の独自性、計算の規則、一連の経済理論、仮定を組み合わせ、さらに実際には市場取引されていないものを取引されたと仮定する帰属計算が含まれています。たとえば、持ち家は、もし貸していたとすれば、どれほどの家賃収入になったのかということを仮定し、それをGDPに組み込みます。すなわちGDPとは、仮定に仮定を重ねた数値なのです。したがって、一般に考えられているほど、確実な数字ではないのです。

じつはSNA1953では、金融活動はGDPには入ってはいなかったのです。金融そのものが付加価値を生み出すとは考えられていませんでした。

1953年、1968年のSNAでは、金融とは仲介機能のことであり、直接付加価値を生み出すものだとは考えられていなかったのです。SNA1993では、銀行自体の資金を使用することが生産的活動だとみなされるようになりました。

さらにSNA2008になると、金融機関の活動は、より明確に付加価値をもたらすとみなされるようになりました。SNA2008は、SNA1993よりも多くの新しい金融商品を含むようになりました。

世界経済に占める金融の役割は非常に大きくなりました。ヤコブ・アッサの著作（玉木俊明訳『過剰な金融社会――GDPの計算は正しいのか』知泉書館、2020年）によれば、1987〜2010年のGDPの伸びは金融の比率が上昇したからであり、金融を除くなら、経済は成長しなかったのです。さらに、この間に世帯収入の中央値は伸びていないのです。つまり、人々は豊かになっていたわけではありません。

平均値ではなく中央値で見ると、収入がとくに多い人々が存在することで数値が大きくなることはなく、もっとも多くの人々がどの程度の収入を得ているのかがわかります。結局、GDPは増えたものの、それは金融部門が肥大化したからであり、一般の人々の収入増には結びついていないのです。つまりGDPが増えても、一般の人々の暮らしが良くなったのではなく、金融投資によって大きな利益がえられる少数の金持ちが出現したと考えられるのです。

ウォーラーステインが想定していたよりも、金融の役割はずっと大きくなりました。そして、持続的経済成長に、金融部門の発展が大きく寄与していると言えるのです。しかも金融部門の寄与度は、おそらく過大評価されています。すなわち、世界はGDPの成長率が示しているほどには豊かになってはいないと考えるべきなのです。

国家の力はどう変わったのか

中国とヨーロッパは、長期間にわたり、互いにある程度（考え方によってはかなり）独立した政治・経済システムのなかで機能していました。大航海時代にヨーロッパが対外進出することでこの二地域の関係はかなり強くなりました。19世紀になると、世界は、ヨーロッパ、とくにイギリスの蒸気船によって結びつけられました。そして、世界の貿易はロンドンで決済されるようになり、イギリスに多額のコミッションが流入するようになったのです。

持続的経済成長は、本当に現在もあるのでしょうか。GDPに含まれる金融部門の比率は、過大評価されているのではないでしょうか。こういった疑念は、やはり拭い去ることはできません。つまり、現在の持続的経済成長とは金融部門が肥大化したために生じたことだと推測することができるのです。

コミッション・キャピタリズムは、そのような社会のなかでより大きな役割を果たすようになりました。そして現在では、ますます大きな存在になっています。

経済活動はある面、賭博場に似ています。経済活動に参加するということは賭博場で博打をするようなものであり、あらゆる国々は胴元にショバ代を支払わなければなりません。近代世界システムの考え方をもとにするなら、胴元=覇権国家です。すべての国は胴元である覇権国家にショバ代に相当するコミッションを支払うのです。

では、覇権国家はいったい何をするのでしょうか。その答えは簡単かつ意外なものだと思われます。すなわち、「何もしない」のです。

覇権国家は、いわばプラットフォームを提供するのです。このプラットフォームは賭博場であり、これまでオランダ、イギリス、アメリカがプラットフォームを提供して胴元となり、コミッションを稼いできたのです。近代世界システムがどんどんと拡大していったのですから、覇権国家が手にいれるコミッションはますます巨額になってきたものと思われます。

オランダが覇権国家となった当時、国家の力はあまり強いものではありませんでした。ディアスポラをしていた、国家から独立した商人のネットワークを利用する必要がありました。しかし、イギリスが覇権国家となった時代には、商人は電信などの国家が大きく関与したインフラを使用しなければならなくなり、商人は国家に従属するようになったのです。それが、われわれが前提としている社会ですが、この前提そのものが崩れているように感じられます。

世界経済はどう変わるのか

今後、世界がどのように変化するのかということに関して、二つの可能性が考えられます。

第一に、ヨーロッパの近世社会がそうだったように、国家と商人の共棲関係が復活するということです。具体的に申し上げましょう。たとえば、ある国家がタックスヘイブンとなり、大企業を誘致します。大企業の力はすこぶる強く、また、金融化という現象も相まって、巨額の売上と利益率をほこるようになりました。そのような大企業があるということは、国家にとっても大きな利益をもたらします。ある意味、国家どうしで大企業の誘致をしており、大企業もそのために国家を利用します。それは、近世に見られた国家と商人の共棲関係そのものだといえるでしょう。

第二に、アメリカの経済力が衰え、中国に取って代わられる可能性です。最近中国が進めている一帯一路は、このような文脈のなかでとらえられるべきだと思われます。中国は、ユーラシア大陸を一つの市場にし、それを基軸として、大西洋経済をベースとするアメリカを追い越すほどの経済力をつけようとしています。しかも、ＡＩＩＢには、アメリカと日本を除くＧ７

諸国が投資をしています。これは、いわば敵に塩をやるようなものです。近世のヨーロッパにおいて、オランダの経済力が非常に強く、ヨーロッパ諸国がオランダに対抗するために保護主義政策をとり、そのなかでイギリスが最大の成果を収めたことに似ています。

第一の方向性は、近代世界システムが終焉するということ、第二の方向性は、世界システムが継続するということを意味します。私は、第一の可能性が高いと考えています。そもそも中国の一人あたりのGDPはまだまだ低く、しかも人口減少により、中国の経済成長の可能性はかなり低くなるからです。

経済学には、"ghost acreage"「未開拓の土地」という用語があります。未開拓の土地があれば、経済は発展するということを意味します。世界は、本当に長期間にわたり、未開拓の土地を求めてきました。しかし、そのような時代はもう終焉を迎えつつあるのではないでしょうか。

近代世界システムとは、いわば拡大の原理によって成り立っていました。それは、新たな販路を絶えず求めるシステムです。持続的経済成長が可能になるのは、そのためです。とすれば、「未開拓の土地」がなくなったときに、持続的経済成長も近代世界システムも終わるということです。

ヨーロッパは、未開拓の土地を求めて、対外進出をしました。だが今では未開拓の土地はなくなったと考えるべきではないか。これは、新たなマーケットを求め続けてきた近代世界システムの終わりを意味するのです。私が第一の方向性をとる可能性が高いと考えるのは、そうした理由からです。

未開拓の土地があったのは、人口が増加していたからでもあります。しかし、日本はいうまでもなく、いくつかの国で人口が減少し、おそらくそう遠くない将来（といっても、超長期的観点に立った見方ですが）、世界全体の人口は減少するでしょう。さもなければ、地球環境がもちません。そのときに、近代世界システムは終わることになるのです。

最近の中国の台頭は、終焉を迎えつつある近代世界システムにおいて、中国の経済力が非常に大きくなってきたことを意味するものでしょう。それは、イギリスが、そしてアメリカが築き上げてきたコミッション・キャピタリズムのなかでの経済成長でした。もし中国が覇権国家になるとすれば、自分たち独自のプラットフォームを形成し、世界の国々がそれを利用することでコミッションを支払うようになったときに実現されます。

おそらく今後、経済成長率が低下しても、コミッション・キャピタリズムの役割は増加し続けるでしょう。世界経済の一体化はさらに強まっており、カネの流れはますます多くなっているからです。

したがって持続的経済成長が終わり、近代世界システムが終焉を迎えても、コミッション・キャピタリズムは続くものと思われます。だからこそ中国が、ポスト近代世界システムの世界で、中核的な役割を果たす可能性は少しはあるだろうと結論づけられるのです。しかしまた近代世界システムが継続し、中国が覇権国家となる可能性は少ないですが存在します。

そのどちらであっても、新しいプラットフォームの構築こそ、中国が世界経済の中心（覇権国家にかぎらなくても）になるということに間違いはありません。一帯一路によって巨額のコミッションを稼ぐことができるようになったなら、中国は世界経済の中心ないし覇権国家になるのであり、それを先進国が促進したということになるかもしれません。

それは、たしかに単に小さな可能性です。でも、小さくても可能性はある。それが私の結論です。

おわりに

ポメランツの『大分岐』が上梓されて20年以上がすぎ、「大分岐論」そのものが、一つの歴史となりました。その研究史をまとめ、さらにオリジナルな視点を提示した書物の出版が待たれるのは当然です。

その書物がパトリック・カール・オブライエン著『「大分岐論争」とは何か――中国とヨーロッパの比較』（玉木俊明訳、ミネルヴァ書房、2023年。原著は2020年に上梓）です。本書は博識で知られるパトリック・オブライエンが、「大分岐論」に関する新たな視点を提示したものです。オブライエンと親しくさせていただいている私は、この本の翻訳を決心しました。オブライエンは1932年生まれであり、今年92歳です。このようなご高齢でありながら、経済史の最前線で活躍している驚異の歴史家です。

同書は、比較史の観点から、中国とヨーロッパに関して大分岐論を踏まえてまとめた重要な作品です。本書には、欧米の経済史でこの20年間にわたりもっともホットなテーマであり続けた大分岐論に関する最新の知見がちりばめられています。

オブライエンの議論を手短に要約すれば、次のようになるでしょう。

中国は、生態系が多様だということをベースとする有機経済を発展させていきました。それは、ヨーロッパと比較して中国は低緯度に位置し、生態系が豊かだったからです。しかし中国では、人口圧に対応することが困難になりました。ヨーロッパとは異なり、中国は、無機経済への転換を経験することはなかったのです。

中国では、農業の技術的進歩はあまりなかったのです。中国は、農業発展のために国家がインフラストラクチャーに投資することはなく、農業が発達しなかったので、人口圧を乗り越えて、経済を発展させることはできませんでした。それは、農業が発展したためマルサスの罠からの離脱に成功したヨーロッパとの大きな相違でした。

イギリスには大量の石炭が埋蔵されており、それを使用することで、熱量集約的な（エネルギーを大量に使う）製造過程を維持することができました。イギリスは、石炭を産業革命のエネルギー源にすることに成功しました。ヨーロッパ諸国は、耕作地を周辺地域に拡大することで、都市化に対応します。中国同様、ヨーロッパも大陸間横断交易ではなく、むしろ地域内部の資源を活用することでマルサスの罠から離脱することができたのです。中国にも石炭は大量にありましたが、それを動力として用い、手工業をベースとするスミス的経済成長から脱することはできなかったということがいえるのです。

この本の翻訳の最中に、本書のアイデアが生まれてきました。それは、ポメランツやオブライエンとは違った「大分岐」論が書けないかということです。そこで生まれたのが本書、『ユーラシア大陸興亡史――ヨーロッパと中国の四〇〇〇年』です。

ポメランツもオブライエンも、経済史家として、中国とヨーロッパを比較します。そのときに、それぞれのある特定の地域を選びます。しかし、そのような方法は、現実の歴史研究にとっては、本当はあまり適切なものではないのではないかと危惧します。別の地域を比較するなら、違う結論が導き出されるのではないでしょうか。

根本的な問題点としては、近世になり、ヨーロッパが大航海時代を経験して世界各地に出かけていったのに対し、中国は、海上ルートでの領土拡大をしなかったという重要な歴史的事実を、捨象している点にあるように思われます。私の観点から見ると、このようなことを論じない「大分岐」論は、現実的なアプローチとはいえないのです。歴史家である以上、歴史の大きな流れと重ね合わせて、自分の論を立てなければなりません。

歴史研究には、理論が必要です。経済史の場合、それは経済理論になります。ポメランツであれオブライエンであれ、あるいは多くの経済史家であれ、同じことです。ですが、現実の経済は、決して経済理論でのみ語れるわけではないのはいうまでもありません。本書では、そのことについても述べたつもりです。

インド洋から東アジアに至る海は、主としてムスリムの力によって、アジア人の海になりました。そのネットワークを使い、ヨーロッパ人は、徐々にそれを自分たちの海へと変え、世界の流通網をコントロールするようになったからこそ、ヨーロッパの世界支配につながったと思うのです。

本書は、そういうことを考えながら書きました。オブライエンとポメランツ、他の多くのアングロサクソン系のグローバルヒストリアンへの反論でもあります。それをどう判断されるのかは、読者の皆さんの判断に委ねられます。

本書の刊行に際しては、編集者の今井章博さん、平凡社の日下部行洋さんにお世話になりました。記してお礼申し上げます。

2024年3月　西大寺にて

玉木俊明

付記　本書の初校の校正を送った直後、母の玉木英子が亡くなった。父の死後3年であり、1年間近い入院のあとのことであった。本書を母にささげる。

主要参考文献

会田大輔（2021）：『南北朝時代――五胡十六国から隋の統一まで』中公新書

阿部拓児（2021）：『アケメネス朝ペルシア――史上初の世界帝国』中公新書

安倍雅史（2022）：『謎の海洋王国ディルムン――メソポタミア文明を支えた交易国家の勃興と崩壊』中公選書

五十嵐修（2010）：『王国・教会・帝国――カール大帝期の王権と国家』知泉書館

石澤良昭（2018）：『興亡の世界史　東南アジア　多文明世界の発見』講談社学術文庫

応地利明（2016）：『トンブクトゥ――交界都市の歴史と現在』臨川書店

岡田明子・小林登志子（2008）：『シュメル神話の世界――粘土板に刻まれた最古のロマン』中公新書

岡本隆司（2019）：『世界史とつなげて学ぶ　中国全史』東洋経済新報社

岡本隆司（2020）：『「中国」の形成　現代への展望　シリーズ 中国の歴史5』岩波新書

岡本隆司（2023）：『物語 江南の歴史――もうひとつの中国史』中公新書

落合淳思（2015）：『殷――中国史最古の王朝』中公新書

川勝義雄（2003）：『魏晋南北朝』講談社学術文庫

川本芳昭（2020）：『中国の歴史5　中華の崩壊と拡大　魏晋南北朝』講談社学術文庫

岸本美緒・宮嶋博史（2008）：『世界の歴史12　明清と李朝の時代』中公文庫

熊野聰（2017）：『ヴァイキングの歴史――実力と友情の社会』創元社

栗田伸子・佐藤育子（2016）：『興亡の世界史――通商国家カルタゴ』講談社学術文庫

黒嶋敏（2015）：『天下統一――秀吉から家康へ』講談社現代新書

氣賀澤保規（2020）：『中国の歴史6　絢爛たる世界帝国　隋唐時代』講談社学術文庫
小泉龍人（2016）：『都市の起源――古代の先進地域＝西アジアを掘る』講談社選書メチエ
小島毅（2021）：『中国の歴史7　中国思想と宗教の奔流　宋朝』講談社学術文庫
小杉泰（2016）：『興亡の世界史　イスラーム帝国のジハード』講談社学術文庫
後藤健（2015）：『メソポタミアとインダスのあいだ――知られざる海洋の古代文明』筑摩選書
小林登志子（2005）：『シュメル――人類最古の文明』中公新書
佐藤彰一（2021〜2023）：『フランク史』Ⅰ〜Ⅲ、名古屋大学出版会
佐藤信弥（2016）：『周――理想化された古代王朝』中公新書
島田正郎（2014）：『契丹国――遊牧の民キタイの王朝　新装版』東方選書
杉山正明（2011）：『遊牧民から見た世界史　増補版』日経ビジネス人文庫
杉山正明（2014）：『大モンゴルの世界――陸と海の巨大帝国』角川ソフィア文庫
玉木俊明（2008）：『北方ヨーロッパの商業と経済――1550〜1815年』知泉書館
玉木俊明（2014）：『海洋帝国興隆史――ヨーロッパ・海・近代世界システム』講談社選書メチエ
玉木俊明（2015）：『ヨーロッパ覇権史』ちくま新書
玉木俊明（2016）：『〈情報〉帝国の興亡――ソフトパワーの五〇〇年史』講談社現代新書
玉木俊明（2018）：『拡大するヨーロッパ世界――1415〜1914』知泉書館
玉木俊明（2018）：『逆転の世界史――覇権争奪の5000年』日本経済新聞出版社
玉木俊明（2021）：『金融化の世界史――大衆消費社会からGAFAの時代へ』ちくま新書
玉木俊明（2022）：『迫害された移民の経済史――ヨーロッパ覇権、影の主役』河出書房新社

玉木俊明（2022）：『手数料と物流の経済全史』東洋経済新報社
玉木俊明（2023）：『商人の世界史――小さなビジネス革命が世界を変えた』河出新書
玉木俊明（2023）：『戦争と財政の世界史――成長の世界システムが終わるとき』東洋経済新報社
檀上寛（2012）：『永楽帝――華夷秩序の完成』講談社学術文庫
檀上寛（2020）：『陸海の交錯　明朝の興亡　シリーズ 中国の歴史4』岩波新書
鶴間和幸（2020）：『中国の歴史3　ファーストエンペラーの遺産　秦漢帝国』講談社学術文庫
中井義明（2005）：『古代ギリシア史における帝国と都市――ペルシア・アテナイ・スパルタ』ミネルヴァ書房
中田一郎（2014）：『ハンムラビ王――法典の制定者』山川出版社
平勢隆郎（2020）：『中国の歴史2　都市国家から中華へ　殷周　春秋戦国』講談社学術文庫
古松崇志（2020）：『草原の制覇　大モンゴルまで　シリーズ 中国の歴史3』岩波新書
前田弘毅（2022）：『アッバース1世――海と陸をつないだ「イラン」世界の建設者』山川出版社
丸橋充拓（2020）：『江南の発展　南宋まで　シリーズ 中国の歴史2』岩波新書
三田村泰助（1990）：『世界の歴史〈14〉明と清』河出文庫
宮本一夫（2020）：『中国の歴史1　神話から歴史へ　神話時代　夏王朝』講談社学術文庫
本村凌二（2017）：『興亡の世界史　地中海世界とローマ帝国』講談社学術文庫
森谷公俊（2016）：『興亡の世界史　アレクサンドロスの征服と神話』講談社学術文庫
家島彦一（2021）：『インド洋海域世界の歴史――人の移動と交流のクロス・ロード』ちくま学芸文庫
矢島文夫（2020）：『メソポタミアの神話』ちくま学芸文庫
山本紀夫（2008）：『ジャガイモのきた道――文明・飢饉・戦争』岩波新書

山本紀夫（２０１１）：『天空の帝国インカ――その謎に挑む』ＰＨＰ新書
山本紀夫（２０２１）：『高地文明――「もう一つの四大文明」の発見』中公新書
渡辺信一郎（２０１９）：『中華の成立　唐代まで　シリーズ 中国の歴史１』岩波新書
渡邉義浩（２０１９）：『漢帝国――４００年の興亡』中公新書

アッサ、ヤコブ、玉木俊明訳（２０２０）：『過剰な金融社会――ＧＤＰの計算は正しいのか』知泉書館
ウォーラーステイン、Ｉ、川北稔訳（２０１３）：『近代世界システム』全4巻、名古屋大学出版会
オブライエン、パトリック・カール、玉木俊明訳（２０２３）：『「大分岐論争」とは何か――中国とヨーロッパの比較』ミネルヴァ書房
オルドクロフト、デレック・H、玉木俊明・塩谷昌史訳（２００２）：『20世紀のヨーロッパ経済――１９１４～２０００年』晃洋書房
コリー、リンダ、川北稔監訳（２０００）：『イギリス国民の誕生』名古屋大学出版会
トリヴェッラート、フランチェスカ、和栗珠里・藤内哲也・飯田巳貴訳（２０１９）：『異文化間交易とディアスポラ――近世リヴォルノとセファルディム商人』知泉書館
トリヴェッラート、フランチェスカ、玉木俊明訳（２０２２）：『世界をつくった貿易商人――地中海経済と交易ディアスポラ』ちくま学芸文庫
ハラリ、ユヴァル・ノア、柴田裕之訳（２０１６）：『サピエンス全史』上・下、河出書房新社
ピケティ、トマ、山形浩生・守岡桜・森本正史訳（２０１４）：『21世紀の資本』みすず書房
ピレンヌ、アンリ、増田四郎監修、中村宏・佐々木克巳訳（２０２０）：『ヨーロッパ世界の誕生――マホメットとシャルルマー

ニュ』講談社学術文庫
ブリュア、ジョン、大久保桂子訳（2003）：『財政＝軍事国家の衝撃——戦争・カネ・イギリス国家1688〜1783』名古屋大学出版会
ポメランツ、ケネス、川北稔監訳（2015）：『大分岐——中国、ヨーロッパ、そして近代世界経済の形成』名古屋大学出版会
マクフォール、マイケル、松島芳彦訳（2020）：『冷たい戦争から熱い平和へ——プーチンとオバマ、トランプの米露外交』上・下、白水社
ヤスパース、カール、草薙正夫訳（1954）：『哲学入門』新潮文庫
ラークソ、セイヤ＝リータ、玉木俊明訳（2014）：『情報の世界史——外国との事業情報の伝達1815〜1875』知泉書館

Aslanian, Sebouh David（2011）: *From the Indian Ocean to the Mediterranean: The Global Trade Networks of Armenian Merchants from New Julfa*, Berkeley: University of California Press.
Aslanian, Sebouh David（2023）: *Early Modernity and Mobility: Port Cities and Printers across the Armenian Diaspora, 1512–1800*, New Haven: Yale University Press.
Brulez, W.（1960）: “De Diaspora der Antwerpse kooplui op het einde van de 16e eeuw”, *Bijdragen voor de Geschiedenis der Nederlanden*, 15.
Doshi, Rush（2021）: *The Long Game: China's Grand Strategy to Displace American Order: Bridging the Gap*, Oxford: Oxford University

Press.

Elvin, Mark (2006): *The Retreat of the Elephants: An Environmental History of China*, New Haven: Yale University Press.

Ingram, Kevin (2018): *Converso non-Conformism in Early Modern Spain: Bad Blood and Faith from Alonso de Cartagena to Diego Velázquez*, London: Palgrave/Macmillan.

Kim, Hyun Jin, Samuel N. C. Lieu and Raoul McLaughlin eds. (2021): *Rome and China: Points of Contact*, London and New York: Routledge.

Liang-lin, Hsiao (1974): *China's Foreign Trade Statistics, 1864–1949*, Cambridge Mass.: Harvard University Press.

López-Ruiz, Carolina (2022): *Phoenicians and the Making of the Mediterranean*, Cambridge Mass.: Harvard University Press.

McFaul, Michael (2019): *From Cold War to Hot Peace: The Inside Story of Russia and America*, London: Penguin Books.

McLaughlin, Raoul (2018): *The Roman Empire and the Indian Ocean: The Ancient World Economy and the Kingdoms of Africa, Arabia and India*, Barnsley: Pen & Sword Maritime.

McLaughlin, Raoul (2021): *The Roman Empire and the Silk Routes: The Ancient World Economy and the Empires of Parthia, Central Asia and Han China*, Barnsley: Pen & Sword Maritime.

Medcalf, Rory (2021): *Indo-Pacific Empire: China, America and the Contest for the World's Pivotal Region*, Manchester: Manchester University Press.

Moore, Jerry D. (2014): *A Prehistory of South America: Ancient Cultural Diversity on the Least Known Continent*, Boulder: University Press of Colorado.

O'Rourke, Kevin H. and Jeffrey G. Williamson (1999): *Globalization and History: The Evolution of a Nineteenth-century Atlantic Economy*, Cambridge Mass.: MIT Press.

Quinn, Josephine Crawley and Nicholas C. Vella eds.（2018）: *The Punic Mediterranean: Identities and Identification from Phoenician Settlement to Roman Rule*, Cambridge: Cambridge University Press.

Reid, Anthony（1990, 1995）: *Southeast Asia in the Age of Commerce, 1450–1680*, New Haven: Yale University Press.

Riello, Giorgio（2013）: *Cotton: The Fabric that Made the Modern World*, Cambridge: Cambridge University Press.

Schurz, William Lytle（1959）: *The Manila Galleon*, New York, E. P. Dutton.

Schwartz, Stuart B. ed.（2004）: *Tropical Babylons: Sugar and the Making of the Atlantic World, 1450–1680*, Chapel Hill: University of North Carolina Press.

Steensgaard, Niels（1974）: *The Asian Trade Revolution of the Seventeenth Century: The East India Companies and the Decline of the Caravan Trade*, Chicago: University of Chicago Press.

Tamaki, Toshiaki（2020）: “Is the Economic Hegemony Moving from the United States to China?: A Historical Perspective,” in Alan Chong and Quang Minh Pham eds., *Critical Reflections on China's Belt & Road Initiative*, London: Palgrave/Macmillan.

Von Glahn, Richard（2016）: *The Economic History of China: From Antiquity to the Nineteenth Century*, Cambridge: Cambridge University Press.

Wade, Geoff（2009）: “An Early Age of Commerce in Southeast Asia, 900–1300 CE”, *Journal of Southeast Asian Studies*, 40.

「世界史の窓」https://www.y-history.net

玉木俊明（たまき・としあき）

京都産業大学経済学部教授。専門は近代ヨーロッパ経済史。1964年、大阪市生まれ。同志社大学大学院文学研究科（文化史学専攻）博士後期課程単位取得退学。博士（文学、大阪大学）。著書に『ヨーロッパ覇権史』『ヨーロッパ繁栄の19世紀史』（ともにちくま新書）、『近代ヨーロッパの誕生』『海洋帝国興隆史』（ともに講談社選書メチエ）、『〈情報〉帝国の興亡』（講談社現代新書）、『近代ヨーロッパの形成』（創元社）、『ダイヤモンド 欲望の世界史』（日本経済新聞出版）、『手数料と物流の経済全史』（東洋経済新報社）、『商人の世界史』（河出新書）など多数。訳書にパトリック・オブライエン『「大分岐論争」とは何か』（ミネルヴァ書房）などがある。

ユーラシア大陸興亡史

ヨーロッパと中国の四〇〇〇年

二〇二四年七月十日　初版第一刷発行

著　者　玉木俊明
発行者　下中順平
発行所　株式会社平凡社
〒一〇一-〇〇五一　東京都千代田区神田神保町三-二九
電話　〇三-三二三〇-六五七三（営業）
平凡社ホームページ　https://www.heibonsha.co.jp/
装　幀　松田行正＋内田優花
印刷・製本　中央精版印刷株式会社
組　版　アイランドコレクション

ISBN 978-4-582-44122-2